Belabbas Yagoubi

Equilibrage de charge dans les grilles de calcul

Belabbas Yagoubi

Equilibrage de charge dans les grilles de calcul

Équilibrage de Charge

Presses Académiques Francophones

Impressum / Mentions légales

Bibliografische Information der Deutschen Nationalbibliothek: Die Deutsche Nationalbibliothek verzeichnet diese Publikation in der Deutschen Nationalbibliografie; detaillierte bibliografische Daten sind im Internet über http://dnb.d-nb.de abrufbar.

Alle in diesem Buch genannten Marken und Produktnamen unterliegen warenzeichen-, marken- oder patentrechtlichem Schutz bzw. sind Warenzeichen oder eingetragene Warenzeichen der jeweiligen Inhaber. Die Wiedergabe von Marken, Produktnamen, Gebrauchsnamen, Handelsnamen, Warenbezeichnungen u.s.w. in diesem Werk berechtigt auch ohne besondere Kennzeichnung nicht zu der Annahme, dass solche Namen im Sinne der Warenzeichen- und Markenschutzgesetzgebung als frei zu betrachten wären und daher von jedermann benutzt werden dürften.

Information bibliographique publiée par la Deutsche Nationalbibliothek: La Deutsche Nationalbibliothek inscrit cette publication à la Deutsche Nationalbibliografie; des données bibliographiques détaillées sont disponibles sur internet à l'adresse http://dnb.d-nb.de.

Toutes marques et noms de produits mentionnés dans ce livre demeurent sous la protection des marques, des marques déposées et des brevets, et sont des marques ou des marques déposées de leurs détenteurs respectifs. L'utilisation des marques, noms de produits, noms communs, noms commerciaux, descriptions de produits, etc, même sans qu'ils soient mentionnés de façon particulière dans ce livre ne signifie en aucune façon que ces noms peuvent être utilisés sans restriction à l'égard de la législation pour la protection des marques et des marques déposées et pourraient donc être utilisés par quiconque.

Coverbild / Photo de couverture: www.ingimage.com

Verlag / Editeur:
Presses Académiques Francophones
ist ein Imprint der / est une marque déposée de
OmniScriptum GmbH & Co. KG
Heinrich-Böcking-Str. 6-8, 66121 Saarbrücken, Deutschland / Allemagne
Email: info@presses-academiques.com

Herstellung: siehe letzte Seite /
Impression: voir la dernière page
ISBN: 978-3-8381-4619-5

Zugl. / Agréé par: université d'Oran, Algérie, Novembre 2007

Copyright / Droit d'auteur © 2014 OmniScriptum GmbH & Co. KG
Alle Rechte vorbehalten. / Tous droits réservés. Saarbrücken 2014

Table des matières

Introduction Générale   **1**
- 1   Contexte 1
- 2   Problématique et motivations 2
- 3   Contributions 3
  - 3.1   Objectifs 3
  - 3.2   Expérimentation et validation 4
- 4   Organisation du manuscrit 4

1 Équilibrage de charge dans les systèmes parallèles et distribués   **7**
- 1.1   Présentation 7
- 1.2   Répartition de charge 8
- 1.3   Taxonomie des approches d'équilibrage de charge 9
  - 1.3.1   Approche statique Vs. dynamique 9
  - 1.3.2   Approche centralisée Vs. distribuée 11
  - 1.3.3   Approche active Vs. passive 12
  - 1.3.4   Approche adaptative Vs.non adaptative 12
  - 1.3.5   Approche coopérative Vs. non coopérative 13
- 1.4   Politiques et mécanismes d'équilibrage de charge 13
  - 1.4.1   Politique de participation 14
  - 1.4.2   Politique de sélection de la localisation 14
  - 1.4.3   Politique de sélection du candidat 15
  - 1.4.4   Mécanisme de mesure de la charge 15
  - 1.4.5   Mécanisme de communication de la charge 15
  - 1.4.6   Mécanisme de transfert 16
- 1.5   Difficultés spécifiques au problème d'équilibrage de charge 17
  - 1.5.1   Charge d'une ressource 17
  - 1.5.2   Contention réseau 18
  - 1.5.3   Filtres et effets domino 18

1.6	Indices de performance	19
1.7	Conclusion	20

2 Équilibrage de charge dans les grilles de calcul — 22

- 2.1 Introduction 22
- 2.2 Aperçu général sur les grilles de calcul 23
  - 2.2.1 Définitions et motivations 23
  - 2.2.2 Taxonomie des grilles 24
- 2.3 Équilibrage de charge dans les grilles de calcul 27
  - 2.3.1 Problématiques particulières liées aux grilles de calcul 27
  - 2.3.2 Architecture d'un système d'équilibrage 30
- 2.4 Conception d'un système d'équilibrage de charge 33
  - 2.4.1 Fonctions objectives 33
  - 2.4.2 Structure du service d'informations 34
- 2.5 Travaux connexes 35
- 2.6 Conclusion 36

3 Modèle d'équilibrage de charge pour les grilles de calcul — 38

- 3.1 Introduction 38
- 3.2 Modèle proposé 39
  - 3.2.1 Modèle 1/N 40
  - 3.2.2 Modèle C/N 40
  - 3.2.3 Caractéristiques du modèle proposé 42
- 3.3 Stratégie d'équilibrage de charge 42
  - 3.3.1 Principes 42
  - 3.3.2 Hypothèses de la stratégie 43
  - 3.3.3 Description générique de la stratégie 44
- 3.4 Estimation de l'offre et de la demande 47
  - 3.4.1 Calcul de l'offre et de la demande 47
- 3.5 Modélisation UML 48
  - 3.5.1 Diagramme de classes associé au modèle proposé 48
  - 3.5.2 Diagrammes de séquences 49
  - 3.5.3 Diagrammes d'activités 51
- 3.6 Conclusion 52

4	**Algorithme d'équilibrage intra-cluster**	**54**
	4.1 Introduction	54
	4.2 Description de l'algorithme	54
	4.2.1 Présentation	54
	4.2.2 Notations	55
	4.2.3 Algorithme intra-cluster : cas d'un cluster C_j	56
	4.3 Implémentation à base de systèmes multi-agents	58
	4.3.1 Résultats expérimentaux	59
	4.4 Implémentation sous *GridSim*	64
	4.4.1 Résultats expérimentaux	65
	4.5 Conclusion	69
5	**Algorithme d'équilibrage intra-grille**	**70**
	5.1 Introduction	70
	5.2 Description de l'algorithme	71
	5.2.1 Notations	71
	5.2.2 Estimation du coût de communication	71
	5.2.3 Algorithme intra-grille	72
	5.3 Etude expérimentale	74
	5.3.1 Choix du simulateur	74
	5.3.2 Résultats expérimentaux	75
	5.3.3 Mesures de performance	78
	5.4 Conclusion	81
Conclusion et perspectives		**82**
	1 Conclusion	82
	2 Perspectives	83
Bibliographie		**85**

Table des figures

1.1 Taxonomie des stratégies d'équilibrage de charge 9
1.2 Politiques et mécanismes d'un système d'équilibrage de charge 14
1.3 Relations entre composants d'un système d'équilibrage de charge 17

2.1 Types de grilles 25
2.2 Différentes topologies de grille 26
2.3 Architecture générale d'un système d'équilibrage de charge 32

3.1 Exemple de topologie d'une grille 39
3.2 Modèle de représentation d'un cluster 40
3.3 Modèle générique de représentation d'une grille 41
3.4 Diagramme de classes associé au modèle proposé 49
3.5 Diagramme de séquences intra-cluster 50
3.6 Diagramme de séquences intra-grille 50
3.7 Diagramme d'activités intra-cluster 51
3.8 Diagramme d'activités intra-grille 52

4.1 Variation du temps d'attente moyen en fonction du nombre de tâches 61
4.2 Variation du temps d'exécution moyen en fonction du nombre de tâches 61
4.3 Variation du temps d'attente moyen en fonction du nombre de nœuds 63
4.4 Variation du temps d'exécution moyen en fonction du nombre de nœuds 63
4.5 Variation du temps d'attente moyen en fonction du nombre de tâches 65
4.6 Variation du temps d'exécution moyen en fonction du nombre de tâches 66
4.7 Variation du temps de réponse moyen en fonction du nombre de tâches 66

5.1 Variation des gains sur les temps de réponse en fonction du nombre de tâches . . 78
5.2 Variation de l'indice de Jain en fonction du nombre de clusters 80

Introduction Générale

1 Contexte

Les applications distribuées sont, de nos jours, de plus en plus exigeantes en ressources de calcul et en capacités de stockage et requièrent un très haut degré d'efficacité. Ces applications sont généralement déployées en utilisant comme infrastructure réseau, le réseau Internet. Comme exemples de ces applications, nous pouvons citer les applications de météorologie, de calcul scientifique intensif, de datamining, de bioinformatique, de cryptage, etc. [17].

Les besoins en ressources de calcul et de stockage de ce type d'applications, tout au long de ces dernières décennies, ont été largement supérieurs aux performances des infrastructures matérielles et logicielles disponibles sur le marché. Pour réduire cette disparité entre besoins et capacités, plusieurs démarches ont été entreprises, que nous pouvons résumer comme suit :

1. Sur le plan hardware, beaucoup d'efforts ont été réalisés pour améliorer les performances des processeurs, les capacités des unités de stockage et les débits des réseaux d'interconnection. D'un point de vue technologique, il est connu que la vitesse des processeurs et la densité des composants électroniques suivent, depuis une cinquantaine d'années, la loi de Moore [53] qui stipule que la densité des composants et la fréquence des processeurs doublent tous les dix huit (18) mois. Or, malgré que cette croissance soit exponentielle, elle est loin de répondre aux besoins sans cesse croissants des applications.

2. Sur le plan software, les recherches et développements ont porté sur deux aspects : (i) sur le plan espace d'abord, en essayant de réduire, dans la mesure du possible, les tailles des systèmes d'exploitation et des applications en développant uniquement les services indispensables ; (ii) puis sur le plan performance, en introduisant des techniques d'optimisation aussi bien au niveau des systèmes d'exploitation que des applications elles-mêmes.

3. Sur le plan réseau, où les efforts ont été beaucoup plus denses et beaucoup plus fructueux, dans la mesure où les capacités, les performances et les qualités de service des réseaux ont connu des développements très significatifs. Ces performances restent malheureusement encore faibles par rapport aux besoins des applications en terme d'échange de données (échange de gros volumes de données).

Partant du constat que les ressources d'une entité (personne, institution, entreprise, société, pays, etc.) sont, dans la plupart des cas, incapables de satisfaire à elles seules les exigences des applications en terme de calcul et de capacité de stockage, une solution possible a consisté à réunir les ressources de plusieurs entités, en vue de construire une super-entité virtuelle qui puisse répondre aux besoins des applications distribuées. C'est cette idée qui est derrière le concept des *grilles de calcul* (Grid Computing) et *grilles de données* (Data Grid) introduit par Foster et Kesselman [32]. Ce concept n'a pu voir le jour que grâce à la conjonction de deux facteurs : (i) l'accroissement des performances des machines individuelles ; et, (ii) l'accroissement des performances des réseaux de communication.

L'intérêt de ce nouveau concept de calcul réside dans le fait qu'il ne nécessite pas d'infrastructures particulières ou spécifiques. En effet, le déploiement d'une infrastructure de type grille peut se faire avec des machines classiques (PC, stations de travail, calculateurs parallèles, etc.) et en utilisant comme infrastructure réseau, le réseau Internet. Si le déploiement de ce type d'infrastructure est relativement simple, leur exploitation est assez complexe. Cette complexité est dûe essentiellement à leur caractère fortement hétérogène. En effet, les grilles de calcul présentent quatre niveaux d'hétérogénéité : au niveau matériel, au niveau système d'exploitation, au niveau réseau et au niveau environnements de développement des applications. Étant donné cette dimension de l'hétérogénéité dans les grilles de calcul, il est donc nécessaire de définir et de mettre en œuvre un certain nombre de méthodes, d'outils et de techniques pour la prendre en charge. Aussi les travaux, présentés dans cette thèse, tentent d'apporter quelques solutions à la prise en charge de cette hétérogénéité au niveau gestion des ressources de calcul d'une grille.

2 Problématique et motivations

L'exploitation de grilles de calcul nécessite la mise en place de middlewares qui soient à la fois capables de gérer toutes les potentialités offertes par ces architectures, mais également de permettre aux utilisateurs de pouvoir les exploiter efficacement. Une exploitation rationnelle et efficace des grilles de calcul passe nécessairement par une gestion efficace de leurs ressources. Si ce problème de gestion de ressources existe déjà dans les systèmes distribués, il devient beaucoup plus complexe dans le cas des grilles, et ce notamment à cause des caractéristiques inhérentes aux grilles et en particulier leur hétérogénéité et leur dispersion géographique à une échelle beaucoup plus large que pour les systèmes distribués. Parmi les aspects liés à la gestion des ressources, l'utilisation *optimale* des ressources de calcul et de communication d'une grille est un aspect très important qui mobilise beaucoup de chercheurs à travers le monde. Cette optimalité nécessite une répartition de la charge de travail sur les différents nœuds d'une grille. Il faut en effet éviter, dans la mesure du possible, les situations où certains nœuds sont surchargés alors que d'autres sont sous-chargés ou complètement libres [44].

3. Contributions

Ce problème de répartition de charge est très complexe et est réputé être NP-complet [76]. Toute stratégie d'équilibrage de charge doit en général atteindre les objectifs suivants [26, 36] : la minimisation du temps de réponse moyen des tâches, la maximisation du débit moyen du système, la distribution équilibrée de la charge du système et la minimisation du temps d'inactivité des ressources.

Bien que le problème d'équilibrage de charge soit un problème qui a été (et qui continue à être) largement étudié, les stratégies d'équilibrage de charge actuelles ne peuvent pas être utilisées telles quelles dans les grilles de calcul [48]. Par exemple, dans le cas des systèmes distribués classiques, les ressources de calcul sont généralement homogènes, leur dispersion géographique est relativement réduite, les utilisateurs de ces systèmes ainsi que leurs applications sont généralement connus à l'avance. Ces différents facteurs font que les prévisions de charge des ressources peuvent être prévues à l'avance, ce qui permettra de définir une stratégie d'équilibrage qui soit plus ou moins efficace. Or ceci n'est pas du tout envisageable dans le cas des grilles, puisque plusieurs facteurs font que toute prévision est très difficile à déterminer : hétérogénéité des ressources, dispersion à l'échelle mondiale, réseaux d'interconnexion hétérogènes, demandes imprévisibles, dynamicité des ressources, profils des utilisateurs différents, applications hétérogènes, etc.

Étant donné toutes ces caractéristiques et bien d'autres, il est donc très difficile, voire irréaliste, de définir une stratégie d'équilibrage universelle pour les grilles. Ainsi, toute proposition de stratégie d'équilibrage de charge devra, pour des raisons d'efficacité, définir le contexte dans lequel elle s'applique. La définition d'un tel contexte nécessite elle même la définition d'un certain nombre d'hypothèses portant sur le type de grilles, le type de ressources de calcul, le type d'applications et les objectifs à atteindre. C'est dans ce cadre que se situent les travaux présentés dans cette thèse et qui ont pour objectif de proposer un modèle hiérarchique et distribué pour l'équilibrage de charge des processeurs d'une grille.

3 Contributions

3.1 Objectifs

Un des objectifs classiques d'une stratégie d'équilibrage de charge est de minimiser le temps d'exécution global des applications ou plus exactement des tâches. Dans le cas des systèmes à large échelle, tels que les grilles, une minimisation absolue de ce temps d'exécution n'est pas obligatoirement le seul objectif. Il existe deux autres facteurs, aussi importants que le temps d'exécution global, qui mériteraient d'être également étudiés :
(i) l'utilisation rationnelle de toutes les ressources d'une grille (objectif d'équilibrage) ;
(ii) la réduction du volume de communication lors d'une opération d'équilibrage (objectif de minimisation des coûts de communication).

C'est dans cette double perspective que s'inscrivent nos contributions, que nous pouvons résumer comme suit :

1. Nous proposons un modèle hiérarchique et distribué pour résoudre le problème d'équilibrage de charge dans les grilles de calcul. Les propriétés de ce modèle sont : (i) il est *hiérarchique* ; (ii) il supporte l'*hétérogénéité* et le *passage à l'échelle* ; (iii) il est totalement *indépendant* de toute topologie physique d'une grille ;

2. Sur la base de ce modèle, nous définissons une stratégie d'équilibrage, à deux niveaux, dont les principales caractéristiques sont : (i) l'équilibrage de charge se fait au niveau des *tâches* ; (ii) la répartition de charge utilise un principe de *voisinage* dont l'objectif est de réduire les coûts de communication ; (iii) la résolution du problème d'équilibrage de charge se fait de manière *distribuée* à partir d'informations locales au niveau des nœuds d'une grille .

3.2 Expérimentation et validation

Afin de valider le modèle et d'évaluer les performances de la stratégie d'équilibrage de charge, proposés dans cette thèse, nous avons effectué toute une série d'expérimentations. Pour cela, nous avons développé un simulateur en utilisant une approche multi-agents. Le choix d'une telle approche est motivé par l'adéquation entre le concept d'agent et la structure des algorithmes de notre stratégie. Par la suite, nous avons expérimenté notre stratégie en l'intégrant, au prix d'un certain nombre de modifications, à un simulateur de grilles existant, à savoir GridSim [12]. L'intérêt de cette deuxième approche est de voir comment notre stratégie peut s'intégrer à un simulateur de grilles.

4 Organisation du manuscrit

L'ensemble des résultats que nous avons obtenu sont synthétisés dans ce manuscrit composé de 5 chapitres, outre une introduction générale et une conclusion.

Le Chapitre 1 présente un état de l'art sur le problème de distribution de charge dans les systèmes parallèles et distribués classiques. Ce chapitre expose d'abord la problématique d'équilibrage de charge, puis il présente une classification des approches utilisées dans les systèmes distribués et détermine les politiques et les mécanismes qui composent un système de distribution de charge.

Le Chapitre 2 discute du problème de l'équilibrage de charge dans les grilles de calcul. Il commence par une brève présentation des concepts relatifs aux grilles de calcul et met en évidence les défis à relever lors de la conception d'un système d'équilibrage de charge pour les grilles. Il se termine par une rétrospective sur les travaux similaires à ceux présentés dans cette thèse.

4. Organisation du manuscrit

Le Chapitre 3 décrit l'architecture du modèle hiérarchique et distribué que nous proposons pour représenter une grille de calcul. En partant de la structure de ce modèle, nous proposons une stratégie d'équilibrage hiérarchique distribuée. Cette stratégie, caractérisée par une prise de décision locale, tente de satisfaire deux objectifs : (i) la réduction du temps de réponse moyen local des tâches ; et, (ii) la réduction des coûts de communication lors d'une opération d'équilibrage de charge.

Le Chapitre 4 est consacré à l'étude d'un aspect de notre stratégie, à savoir l'équilibrage intra-cluster. Après une description de l'algorithmique associée à ce type d'équilibrage, nous analysons un certain nombre d'expériences que nous avons réalisé à l'aide de deux simulateurs différents : (i) un simulateur, basé sur les systèmes multi-agents, que nous avons développé en utilisant la plate-forme JADE [41] ; et, (ii) un simulateur, connu dans le domaine des grilles de calcul, à savoir *GridSim* [12], que nous avons adapté pour pouvoir y intégrer notre stratégie d'équilibrage.

Le Chapitre 5 expose et discute un deuxième aspect de notre stratégie d'équilibrage, à savoir l'équilibrage intra-grille. L'algorithmique associée à ce deuxième aspect a été expérimentée dans les mêmes conditions que celles décrites dans le chapitre 4. De plus, nous avons étudié le problème de communication lié à un équilibrage intra-grille. Pour cela, nous avons été amené à décrire la fonction coût de communication, que nous avons utilisé pour proposer une heuristique d'équilibrage qui tient compte des coûts de transfert de tâches entre les clusters d'une grille.

Finalement, nous concluons cette thèse en rappelant la problématique que nous avons étudié ainsi que les principales contributions et résultats que nous avons obtenus. Par suite, nous présentons quelques perspectives de recherche qui nous semblent pertinentes pour résoudre le problème d'équilibrage de charge dans les grilles de calcul.

Résumé

La plupart des stratégies d'équilibrage de charge existantes se sont intéressées à des systèmes distribués supposés avoir des ressources homogènes interconnectées à l'aide à de réseaux homogènes et à hauts débits. Pour les grilles de calcul, ces hypothèses ne sont pas réalistes à cause des caractéristiques d'hétérogénéité, de passage à l'échelle et de dynamicité. Ainsi, pour ces environnements, le problème d'équilibrage de charge constitue un nouveau défi pour lequel plusieurs recherches sont actuellement investies.

Notre contribution dans cette perspective à travers cette thèse est double : premièrement, nous proposons un modèle arborescent et distribué d'équilibrage de charge, permettant de représenter n'importe quelle topologie de grille en une structure d'arbre. Nous développons ensuite sur ce modèle, une stratégie d'équilibrage hiérarchique ayant comme principaux objectifs la réduction du temps de réponse moyen et le coût de transfert de tâches. La stratégie proposée est de nature distribuée avec une prise de décision locale au niveau des nœuds d'une grille, qui privilégie un équilibrage de charge local pour éviter le recours au réseau de communication à large échelle.

Mots-clés: Grilles de calcul, Équilibrage de charge, Modèle distribué, Coût de communication.

Abstract

Most existing load balancing strategies were developed, assuming homogeneous set of resources linked with homogeneous and fast networks. These assumptions are not realistic in grid computing because their specific characteristics like heterogeneity, scalability and dynamicity. Hence, load balancing problem represents a new challenge for grid computing. In this context, we propose a distributed and hierarchical model to solve the load balancing problem for grids. First, we propose a tree-based model to represent grid architecture. This model is hierarchical, it supports heterogeneity and scalability and it is totally independent from any physical grid architecture. Second, we define a hierarchical an distributed load balancing strategy that reduces the average response time of tasks and their transferring cost. Our proposed strategy uses only local workload informations to achieve load balance between nodes of a grid. It privileges local load balancing to reduce the communication cost between nodes of a grid.

Keywords: Grid computing, Load balancing, Distributed model, Communication cost.

Chapitre 1

Équilibrage de charge dans les systèmes parallèles et distribués

1.1 Présentation

Les progrès technologiques, réalisés dans les domaines des architectures d'ordinateurs et des réseaux de communication, ont permis de mettre à la disposition des utilisateurs des machines offrant des puissances de calcul et de stockage considérables. Sauf dans certains cas très particuliers, les utilisateurs de telles machines n'exploitent qu'une fraction de leurs capacités de traitement et de stockage. Ces machines peuvent alors se retrouver inutilisées pendant des périodes plus ou moins longues. Des études menées aux États-Unis ont montré que les stations de travail sont inutilisées jusqu'à 75% du temps [8]. D'un autre coté, il existe des périodes où un utilisateur désire exécuter des tâches qui demandent une puissance de calcul supérieure à la capacité effective de sa machine. Dans ce cas, il sera amené à attendre que l'on mette à sa disposition les ressources requises. Donc, d'un point de vue performance, un problème crucial à résoudre est celui de la gestion et du partage de ressources multiples. Cette gestion suppose la mise en œuvre d'un mécanisme permettant de contrôler l'exécution des applications en répartissant équitablement la charge de travail sur différents ressources. Ces répartitions impliquent des transferts de tâches et/ou de données et soulèvent de nombreux problèmes liés aux contraintes physiques et logiques des ressources partagées. L'objectif d'une telle répartition est de faire en sorte qu'un ensemble de ressources partagées par des utilisateurs, soient utilisées de manière rationnelle et équitable. C'est cet objectif qui est à la base du *problème d'équilibrage de charge* [18, 50, 76].

Le problème d'équilibrage de charge se pose dès que plusieurs ressources, reliées entre elles par un réseau de communication, sont exploitées par un ou plusieurs utilisateurs. Les ressources auxquelles nous nous intéressons dans cette thèse sont les resources de calcul, à savoir les processeurs. Nous considérons, dans ce cas, la notion de *nœuds* qui regroupe un certain nombre de

1.2. Répartition de charge

ressources physiques, dont un processeur. Partant de ces hypothèses, il est tout à fait naturel d'être en présence de situations où certaines ressources (processeurs) sont *surchargées* avec un nombre trop élevé de tâches à exécuter, tandis que d'autres sont *sous-chargées* ou complètement libres. Grâce au réseau de communication, nous pouvons envisager de pallier à de telles situations en transférant une partie de la charge d'une ressource surchargée, appelée *source*, vers une ressource sous-chargée, appelée *receveur*. Ce processus de migration de tâches, s'il est bien maîtrisé, peut mener vers un équilibrage des ressources d'un système informatique, ce qui aura pour effet d'améliorer ses performances [44]. Le problème de répartition de charge dans un système multiprocesseurs est extrêmement lié au problème d'ordonnancement de tâches, qui peut être formulé à l'aide d'un problème linéaire d'allocations de ressources, classé *NP-Complet* [76] en programmation linéaire. Il s'agit de répondre à la question :

"Comment exécuter un ensemble de tâches T sur un ensemble de processeurs P pour optimiser une fonction objective f définie sous un ensemble de contraintes C ?"

L'objectif d'une politique de répartition des tâches est d'obtenir une amélioration des performances du système, sachant que les mesures de ces performances peuvent être multiples. En effet, un utilisateur donné peut souhaiter une réponse rapide aux tâches qu'il soumet, indépendamment des autres utilisateurs voire au détriment de ceux-ci, tandis qu'un administrateur d'un système souhaite la meilleure utilisation possible de l'ensemble des ressources, au détriment parfois de quelques utilisateurs.

1.2 Répartition de charge

L'objectif primordial de la distribution de charge est de répartir la charge de travail d'un système à travers toutes ses ressources disponibles. Cet objectif peut être atteint avec des degrés de satisfaction variables qui dépendent du type d'application, de l'environnement d'exécution et de l'architecture du système considéré. La répartition de charge est habituellement décrite dans la littérature sous plusieurs appellations, comme *équilibrage de charge*, *partage de charge* ou *mise à niveau de charge*. Ces appellations sont souvent utilisées de manière interchangeable, mais peuvent également avoir des définitions tout à fait distinctes [4, 76].

- *Partage de charge* : En pratique, une distribution équilibrée de la charge d'un système n'est pas toujours l'objectif recherché par un équilibrage. Ce qui est souvent désiré, c'est d'occuper tous les nœuds lorsque des tâches sont en attente dans le système. Autrement dit, une tâche est exécutée à distance si son nœud d'origine est *surchargé* et s'il existe un nœud qui est libre. Ainsi, il n'y a donc pas de transfert systématique puisqu'il faut qu'un des nœud ait une charge supérieure à un seuil donné. Cette approche permet d'éviter les phases de congestion où certains nœuds sont surchargés tandis que d'autres sont sous-chargés [73].

- **Équilibrage de charge** : L'objectif d'un équilibrage de charge est de répartir équitablement la charge d'un système sur tous ses nœuds. Autrement dit, cette approche tente, dans la mesure du possible, de garder la charge d'un nœud aussi proche que possible de la charge moyenne du système dans l'objectif d'améliorer ses performances globales [18].

- **Mise à niveau de charge** : Au lieu de chercher à répartir équitablement la charge d'un système sur tous ses nœuds ou de n'utiliser que les nœuds libres, la mise à niveau de charge cherche à éviter le goulot d'étranglement de n'importe quel nœud [7].

  La distinction entre la mise à niveau de charge et l'équilibrage de charge est parfois difficile à mettre en évidence. En particulier, pour se conformer à sa définition, un équilibrage de charge doit continuer à redistribuer la charge jusqu'à ce qu'il réponde à un critère d'équilibre [84].

1.3 Taxonomie des approches d'équilibrage de charge

Les approches de distribution de charge, présentées dans la littérature, sont nombreuses et il est difficile d'en faire une présentation détaillée. Pour cela, la nécessité d'avoir une taxonomie qui permette d'uniformiser les terminologies pour une meilleure description des approches et leur comparaison est indispensable. Ainsi, Casavant et Kuhl [15] ont proposé une taxonomie largement adoptée parce que très complète (voir figure 1.1), que nous allons présenter dans ce qui suit :

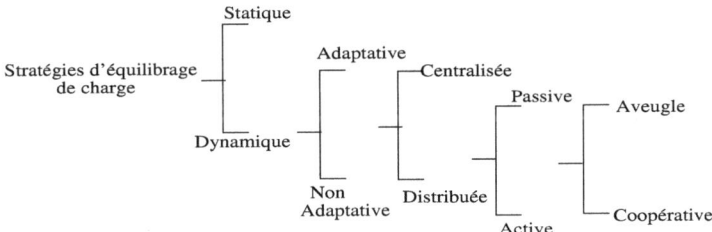

FIG. 1.1 – Taxonomie des stratégies d'équilibrage de charge

1.3.1 Approche statique Vs. dynamique

Une première façon de classer les approches de distribution de charge peut se faire selon le degré d'informations dont on dispose sur l'état des nœuds pris en compte. Il s'agit en fait de répondre à la question : *"A quel moment faut il assigner les tâches aux nœuds ?"* Deux possibilités de distribution sont envisageables : *statique* et *dynamique*.

1.3. Taxonomie des approches d'équilibrage de charge

– La distribution *statique* [54, 63] affecte les tâches aux ressources, par des allocations uniques et définitives, en faisant abstraction de tout événement pouvant se produire en cours d'exécution. Les décisions d'affectation de tâches sont prises avant leurs exécutions. L'algorithme utilisé doit donc pouvoir estimer les charges a priori, pour permettre un équilibrage de charge effectif (la charge de chaque ressource du système est prédéfinie avant d'entamer l'exécution). Aussi, les différentes capacités des ressources doivent être connues à l'avance. C'est une méthode qui se prête mieux aux applications pour lesquelles on dispose de connaissances préalables et qui sont conçues pour s'exécuter sur un système à comportements prédéfinis. Les diverses tâches sont traditionnellement réparties au moment de la compilation. L'avantage de ce type d'équilibrage est qu'il n'exige aucun temps d'exécution supplémentaire (surcoût). Par contre, l'inconvénient majeur de telles solutions réside dans le fait qu'elles ne prennent pas en compte le caractère dynamique des machines et des tâches. Notons quand même qu'il est généralement très difficile de prévoir le comportement dynamique d'une application et les temps d'exécution de ses tâches. Une application qui semble être parfaitement équilibrée théoriquement, peut être réellement très déséquilibrée, inefficace et lente lors de sa mise en œuvre. Nous pouvons donc dire qu'un équilibrage de charge statique est simple et facilement compréhensible dans sa nature mais très limité en pratique.

– La distribution *dynamique* [19, 23, 48] prend en compte la charge actuelle des nœuds dans un système distribué lors d'une répartition de tâches. S'il existe un changement important de charge pendant l'exécution, un transfert de tâches d'un nœud vers un autre est alors envisageable. L'algorithme utilisé dans ce type de distribution doit être capable de connaître la charge des différents nœuds. Le but de ce transfert de tâches est de trouver un nœud, qui permettra d'obtenir les meilleures performances si un ensemble de tâches lui est soumis. Pour cela, il est nécessaire de connaître l'état de charge de tous les nœuds d'un système, d'où la nécessité de disposer d'un système d'informations relatifs aux nœuds d'un système distribué. Ce système d'information est compliqué à mettre en œuvre et il devra garder toute son intégrité lors des opérations de transfert de tâches dans le système. Cette approche est beaucoup plus souple que l'approche statique, puisqu'elle permet une exploitation multi-utilisateurs (plusieurs applications exécutées en même temps). Elle reste néanmoins approximative, car l'état global futur d'un système ne peut être que estimé dans les meilleurs des cas. D'autre part, cette approche nécessite un surcoût de calcul pour analyser continuellement les états des nœuds, superviser l'échange inter-nœuds, calculer la charge de travail et la distribuer.

1.3.2 Approche centralisée Vs. distribuée

La seconde classification peut être effectuée selon la manière avec laquelle l'information de charge est stockée et selon la manière dont les tâches sont assignées aux nœuds.

La question liée à cette seconde classification peut s'énoncer comme suit :
"Comment les informations sur l'état du système sont échangées et comment les tâches sont assignées aux nœuds ?"

Si la décision est prise par un seul nœud, cette solution est dite *centralisée*. Par contre, si chaque nœud participe à la prise de décision, cette solution est dite *distribuée* ou répartie.

- *Approche centralisée* [67] : La collecte et la gestion des informations de charge a lieu à un seul endroit, dans un nœud appelé *coordinateur*. Celui-ci est chargé, entre autres, de répartir les tâches sur les nœuds appropriés. Le coordinateur reçoit l'information de charge courante de tous les autres nœuds et l'assemble dans un vecteur de charge. Quand un nœud décide de transférer une tâche, il envoie une demande au coordinateur qui choisit alors un nœud cible, en utilisant le vecteur de charge, et informe le nœud source de ce choix. Les avantages de cette approche sont la réduction des coûts du système grâce à la centralisation de l'information de charge et à la simplicité de sa mise en œuvre. Cependant elle possède plusieurs inconvénients, parmi lesquels nous pouvons citer :

    (i) Le nœud coordinateur constitue un goulot d'étranglement, ce qui peut provoquer des retards dans la prise de décision d'équilibrage ;

    (ii) Une panne du nœud coordinateur provoque l'effondrement du système ;

    (iii) Les nœuds perdent leur autonomie en terme de gestion de tâches.

- *Approche distribuée* [3] : Le goulot d'étranglement, évoqué dans l'approche centralisée, peut être évité si l'on distribue les informations de charge ainsi que la gestion de la prise de décision. Chaque nœud, construit de manière autonome, son propre vecteur de charge en rassemblant l'information de charge des autres nœuds. Les décisions de placement sont faites localement en utilisant les vecteurs de charge locaux. Les approches distribuées peuvent accélérer de manière significative le processus de prise de décision, mais la nature distribuée du système de décision implique une gestion plus compliquée et un coût de communication qui peut être très élevé.

- *Approche mixte* [72, 79] : Une technique intermédiaire est celle qui consiste à effectuer une gestion hiérarchique de ressources, où les gestionnaires de tâches sont organisés selon un contrôle logique hiérarchique. Les nœuds sont regroupés en grappes selon une relation d'équivalence (voisinage, fonctionnelle, performances, ...). Ainsi, il est possible d'utiliser une approche centralisée/distribuée intra-grappe et une autre approche distribuée/centralisée inter-grappes. Chaque gestionnaire, à un niveau donné de la hiérarchie, est responsable de gérer les contrôleurs du niveau qui lui est inférieur.

1.3. Taxonomie des approches d'équilibrage de charge

1.3.3 Approche active Vs. passive

Lorsque la décision de participer à un équilibrage de charge est prise localement par les nœuds du système (approche distribuée), la troisième classification considère la stratégie adoptée dans la gestion de décision pour déclencher un équilibrage de charge. Il s'agit ici de répondre à la question suivante : *"Quels nœuds peuvent prendre l'initiative de déclenchement d'une opération d'équilibrage ?"* Cette initiative peut provenir exclusivement du nœud ayant une surcharge (*source*) ou du nœud demandeur de charge (*receveur*) ; elle peut aussi provenir des deux nœuds de manière alternée. Deux techniques existent pour rééquilibrer la charge : soit un nœud surchargé va rejeter des tâches, soit un nœud sous-chargé va en attirer. Une bonne solution consiste à utiliser ces deux techniques de manière symétrique. Les nœuds sont divisés en deux groupes : les nœuds *sources* génèrent les tâches qui doivent être exécutées et les nœuds *receveurs* exécutent ces tâches. A ces deux groupes de nœuds, sont associées deux types de stratégie :

– La stratégie *active* dite *source-initiative* [52], survient lorsqu'un nœud surchargé (*source*) cherche à transférer une partie de sa charge vers un nœud (*receveur*) cible moins chargé. Si l'information de charge des nœuds est diffusée, alors le nœud source peut choisir un nœud cible en se basant sur cette information. Sinon, le nœud source doit envoyer des requêtes à plusieurs nœuds pour déterminer le nœud le plus approprié pour absorber son surplus de charge. Deux conditions doivent être satisfaites dans ce cas pour que le transfert de tâches soit effectif : la charge du nœud source doit dépasser le seuil admis et un nœud cible doit être trouvé.

– La stratégie *passive*, appelée *receveur-initiative* [20, 74], est exécutée par un nœud non surchargé. Quand la charge d'un nœud est au-dessous du seuil minimal de charge, il demande à recevoir des tâches à partir des nœuds surchargés. Le transfert des tâches se fait par des méthodes similaires à celles utilisées dans les stratégies actives.
La stratégie active est plus performante quand la charge du système est basse ou moyenne, alors que la stratégie passive est préférable quand la charge du système est grande et que le coût de transfert est comparable dans les deux stratégies.

– Une stratégie *hybride* dite *symétrique* [25], consiste à utiliser la stratégie active quand la charge du système est basse ou moyenne, et la stratégie passive quand elle devient excessive.

1.3.4 Approche adaptative Vs. non adaptative

Les approches *adaptatives* [2, 47] adaptent leurs activités aux changements intervenus dans l'état du système, en modifiant dynamiquement leurs paramètres voire même leurs stratégies. Les algorithmes d'équilibrage associés à cette approche donnent des valeurs initiales aux paramètres d'exécution et observent les réponses du système. Si ces réponses n'apportent pas d'informations supplémentaires pour changer l'état du système, ils ignorent ces paramètres et donnent d'autres valeurs. En particulier lorsque le système est surchargé, un algorithme adaptatif diminue son activité de distribution de charge pour éviter un surcoût inutile. Cette approche est capable d'offrir de meilleures performances lorsque l'état du système change fréquemment. Par contre, une solution *non adaptative* exécute toujours le même algorithme avec les mêmes paramètres indépendamment du comportement du système.

1.3.5 Approche coopérative Vs. non coopérative

Il existe des approches dynamiques appelées méthodes *aveugles* ou *non coopératives*, qui ne prennent pas en compte l'état de charge courant du système. Dans de telles approches [35], les nœuds agissent comme des entités autonomes. Ils prennent des décisions de transfert sans tenir compte des conséquences sur le reste du système. Parmi ces approches, nous citons les stratégies aléatoires dont le principe est le suivant : lorsqu'un nœud devient surchargé, il choisit aléatoirement un nœud pour lui transférer une partie de sa charge [4]. L'avantage de ces approches est leur simplicité et leur faible coût de mise en œuvre. Par contre, les expériences ont montré que ces approches ne sont pas performantes pour des applications irrégulières [38], puisque le coût de transfert d'une tâche n'est pas négligeable et doit donc se faire en fonction de l'état de charge locale du nœud et aussi l'état partiel ou global du système. Le transfert peut ne pas apporter un gain sur le temps de réponse pour justifier le coût de son transfert. Un élément d'information sur la charge du système est donc nécessaire, d'où l'approche *coopérative* [38] où les nœuds prennent leurs décisions de manière concertée de sorte qu'elles se reflètent sur les performances globales du système.

1.4 Politiques et mécanismes d'équilibrage de charge

Les systèmes d'équilibrage de charge sont habituellement divisés en politiques et mécanismes [15]. Les politiques considèrent l'ensemble des choix qui sont faits pour distribuer la charge, alors que les mécanismes effectuent, physiquement, la répartition de la charge et fournissent les informations exigées par les politiques. La figure 1.2 illustre la décomposition arborescente d'un système d'équilibrage de charge, dans lequel chaque feuille représente un composant distinct. Ces mécanismes et politiques offrent à un algorithme d'équilibrage de charge des fonctionnalités lui permettant de mieux répartir la charge du système entre ses ressources et d'améliorer ses performances.

1.4. Politiques et mécanismes d'équilibrage de charge

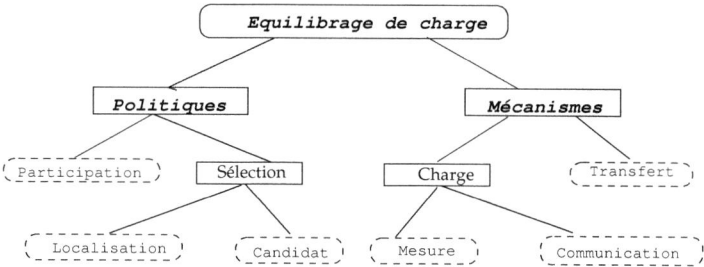

FIG. 1.2 – Politiques et mécanismes d'un système d'équilibrage de charge

1.4.1 Politique de participation

Le but de cette politique est de constater les cas de déséquilibre d'un nœud en se basant sur son indice de charge actuel. Il s'agit de déterminer si un nœud est dans un état approprié pour participer à un transfert de tâche comme *source* ou comme *receveur*. La stratégie utilisée peut être basée sur des *seuils* ou être *relative*.

- La politique de participation basée sur des *seuils* [61, 67] décide qu'un nœud est source, si son indice de charge excède un seuil maximal, ou receveur, si son indice de charge est au-dessous d'un seuil minimal. Le choix des seuils (minimal et maximal) est fondamental pour les performances du système. Les meilleures performances ont été obtenues en adaptant ces seuils à la charge du système [67]. Ainsi, lorsque la charge du système est élevée ces seuils sont maintenus élevés pour éviter le transfert des tâches et lorsque la charge du système est basse, ces seuils sont maintenus à leur valeur la plus basse pour favoriser le transfert ;
- La politique de participation *relative* [67] considère l'écart entre les charges des différents nœuds du système. Les nœuds sont considérés capables de participer à un transfert si leurs charges diffèrent d'une valeur supérieure à un certain seuil. Ils peuvent alors transférer un nombre fixe de tâches ou une fraction de la différence de charge.

1.4.2 Politique de sélection de la localisation

Cette politique est responsable de trouver, pour un nœud donné, un partenaire convenable (source ou receveur), une fois que la politique de participation a décidé que ce nœud est source ou receveur. Le choix du partenaire peut se faire de manière aléatoire (approche aveugle) ou en utilisant les informations de charge rassemblées par le mécanisme de communication de la charge (approche coopérative). Dans une approche centralisée, pour trouver un partenaire convenable, un nœud doit s'adresser au *coordinateur*. Par contre, une politique de localisation distribuée peut utiliser l'*interrogation* ou la *diffusion* pour trouver un nœud convenable.

1.4.3 Politique de sélection du candidat

Une fois que les politiques de participation et de localisation décident qu'un nœud est source (*surchargé*) et qu'un autre nœud est receveur (*sous-chargé*), alors la politique de sélection du candidat est responsable du choix des tâches candidates à transférer.

Nous distinguons plusieurs méthodes de sélection des tâches candidates au transfert telles que [62] : le choix des tâches ayant contribué à ce que le nœud devienne surchargé, le choix de n'importe quelle tâche, etc.

Il existe aussi une méthode de sélection basée sur le filtrage des tâches. Ainsi, il est possible d'utiliser un filtre qui prend en compte le temps moyen d'exécution, ce qui permet de séparer les tâches dont le temps de traitement est court de celles dont le temps de traitement est long. La sélection se fait ensuite parmi les tâches dont le temps de traitement est long, celles dont le temps de traitement est court étant exécutées localement.

1.4.4 Mécanisme de mesure de la charge

Ce mécanisme consiste à évaluer la mesure de la charge d'un nœud qui doit rendre compte de la quantité de travail qu'il va devoir effectuer [83]. L'estimation de la charge d'un nœud est un problème difficile pour lequel aucune solution satisfaisante et consensuelle n'a été définie [27, 28]. Étant donné que la mesure de charge se produit souvent et reflète l'état courant d'un nœud, son évaluation doit être efficace, c'est à dire que le coût de calcul, dû à l'évaluation de cette charge, doit être minimal. Un bon indicateur de charge doit [28, 75] :

– Refléter la charge de travail actuelle ;
– Permettre de prédire la charge dans un futur proche ;
– Être stable, i.e être insensible aux fluctuations à court terme ;
– Prendre en compte la spécificité d'une ressource, l'utilisation d'une ressource particulière telle que la mémoire, etc.

1.4.5 Mécanisme de communication de la charge

Ce mécanisme est responsable de la dissémination de l'information de charge de chaque nœud et du déclenchement de l'équilibrage. Il faudra alors définir la méthode selon laquelle l'information de charge est communiquée entre le nœud et les politiques de distribution [74] :

– Quel est l'instant durant lequel cette information sera collectée ?
– A partir de quels nœuds elle sera collectée ?
– A quel moment faudra t'il équilibrer ?

1. Le premier critère concerne l'état de charge de chaque nœud. L'acquisition des informations distantes sur cet état s'effectue à la demande, périodiquement ou suite à un changement

1.4. Politiques et mécanismes d'équilibrage de charge

de comportement du système. Cette information de charge peut être obtenue soit par exploration (probing) d'un groupe de nœuds, soit par collecte périodique, ou par diffusion.

- La méthode par *exploration*, pour un nœud désirant transférer une tâche, consiste à choisir un nœud parmi un groupe et à vérifier si celui-ci peut participer à la redistribution de la charge de travail ;
- La collecte *périodique* consiste à recueillir périodiquement l'information sur l'état de charge du système. Il en résulte que l'image qu'un nœud peut avoir de l'état du système peut ne pas correspondre à l'état réel du système ;
- La *diffusion* consiste, pour chaque nœud, à diffuser l'information sur son état à chaque fois que celui-ci change sans qu'aucune requête explicite ne lui soit adressée par les autres.

2. Le second critère tente d'obtenir un état global du système en collectant des informations sur l'ensemble ou une partie des nœuds ;

3. Afin de réduire le surcoût engendré par l'exécution des algorithmes d'équilibrage et d'éviter le gaspillage des ressources du système, le troisième critère définit le mécanisme de déclenchement permettant de déterminer le moment opportun pour réaliser un équilibrage. Un équilibrage trop tardif provoque une augmentation de l'inactivité des nœuds et se base sur des informations obsolètes, tandis qu'un déclenchement trop précoce entraîne des surcoûts importants dus à des communications et des redistributions de données inutiles.

1.4.6 Mécanisme de transfert

C'est le moyen physique adopté pour transférer les tâches entre nœuds. Deux types de transfert sont possibles : le *placement* ou la *migration* [40, 46].

- *L'exécution distante* (dite aussi *placement*) consiste à déplacer l'exécution complète d'une tâche sur un autre nœud. Ce placement s'effectue lorsque la tâche vient d'être générée par un nœud, ou lorsqu'elle attend pour être exécutée dans la file d'un nœud.
- *La migration* de tâche concerne une tâche en cours d'exécution et consiste à interrompre cette exécution pour aller finir le traitement de la tâche sur un autre nœud. Pour effectuer une telle opération, il faudra exporter en plus du code, son environnement d'exécution, comme les données statiques et dynamiques, le contenu de la pile d'exécution et les différents ports d'entrée/sortie.

Les politiques et mécanismes précédents ne sont pas isolés car ils interagissent avec les composants des autres nœuds à l'aide d'un module appelé *module de négociation*. La figure 1.3 illustre les relations entre les différents composants d'un système d'équilibrage de charge [19, 38].

1.5. Difficultés spécifiques au problème d'équilibrage de charge 17

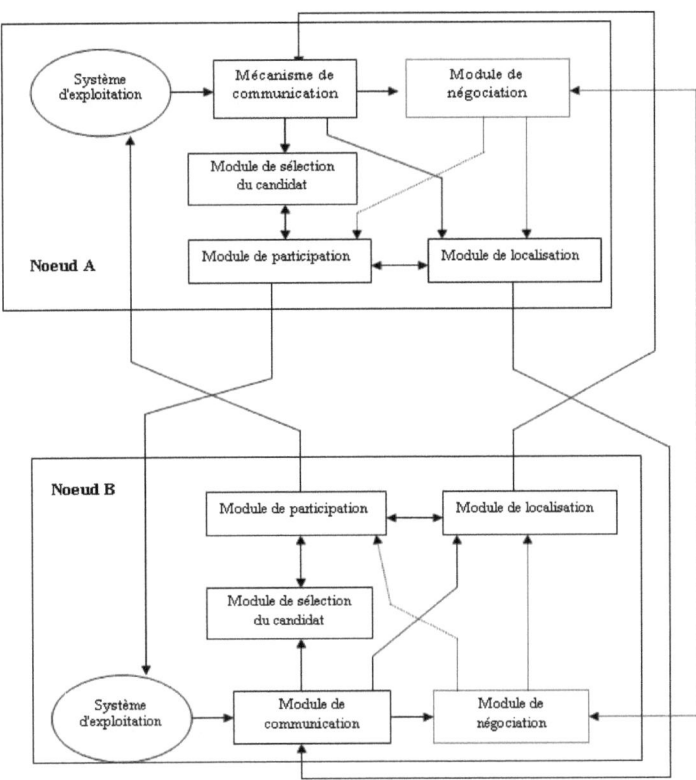

FIG. 1.3 – Relations entre composants d'un système d'équilibrage de charge

1.5 Difficultés spécifiques au problème d'équilibrage de charge

Quelle que soit la politique de transfert adoptée, celle-ci suppose connues certaines informations dont le nombre et la précision quantitative sont très variables. Les deux difficultés essentielles liées au problème d'équilibrage de charge sont l'évaluation de la charge d'une ressource [28] et la prise en compte des délais de communication entre les ressources [18].

1.5.1 Charge d'une ressource

L'évaluation correcte de la charge d'une ressource est une opération complexe, et dans la littérature, les auteurs utilisent différents indicateurs pour obtenir cette évaluation. Des mesures effectuées dans [27] ont montré qu'il existe une forte corrélation entre le temps d'exécution d'une tâche et la taille de la file des tâches en attente d'exécution. L'avantage est que cette taille est estimée rapidement ; c'est pourquoi la plupart des auteurs l'utilisent comme indice de charge [25]. Mais cet indicateur ne prend pas en compte la durée variable du temps d'exécution des tâches, et pour cette raison, certains auteurs [7, 28] se réfèrent à la longueur moyenne de la file d'attente des tâches. Ces indicateurs ne tiennent pas compte des impératifs associés aux instructions dites d'entrées/sorties sur les ressources. Pour en tenir compte, certains auteurs [27, 39, 48] préconisent comme indicateur de charge une combinaison linéaire entre la longueur de la file d'attente, celle des entrées/sorties et l'occupation mémoire. Dans le cas d'un système hétérogène, les indicateurs de la charge de chaque ressource doivent aussi tenir compte des différences de vitesse des unités CPU, des capacités des mémoires centrales, etc. [26].

Dans la situation exceptionnelle où le temps d'exécution des tâches est connu à l'avance, le meilleur indicateur de charge est le temps d'exécution cumulé [66].

La politique de partage de charge suppose l'existence de seuils à partir desquels une ressource est considérée comme sous-chargée, en charge normale ou surchargée. Certains algorithmes utilisent même des politiques dites de doubles seuils [57], voir de multiples seuils [81]. Le choix de ces seuils constitue un paramètre de performance déterminant. En outre, ces seuils peuvent être statiques [25, 28] ou dynamiques [61].

1.5.2 Contention réseau

La prise en compte des délais de communication n'est pas toujours aisée non plus. En effet, les tractations entre ressources, pour échanger des informations via le réseau de communication et décider d'un transfert, sont plus ou moins longues selon les caractéristiques liées à la topologie du système et aux protocoles de communication utilisés. Ces caractéristiques sont fortement liées à la technologie et évoluent avec elle. Elles sont donc plus ou moins bien maîtrisées sauf sur des machines multi-processeurs, pour lesquelles la topologie reste statique [39]. Dans le cas de machines parallèles, la charge globale du système est seulement estimée, car la connaissance exacte de la charge de chaque ressource nécessiterait une synchronisation globale qui ralentirait considérablement le temps d'exécution d'une application. En outre, ces communications représentent un surcoût qui n'est pas à négliger dans l'évaluation des performances. Ce surcoût dépend du matériel utilisé et des types de réseaux concernés.

1.5.3 Filtres et effets domino

Compte tenu des temps de communication entre les ressources, un problème essentiel pour décider de l'opportunité d'un transfert est lié à la durée variable du temps d'exécution des tâches. En effet, pour qu'un transfert soit justifié pour une tâche donnée, il faut que la durée de vie de

1.6. Indices de performance   19

celle-ci soit suffisamment longue et au moins supérieure au temps de communication. Or des études montrent que ce n'est généralement pas le cas pour au moins 66% des tâches [71]. Il semble donc souhaitable d'installer des *filtres* visant à éliminer, parmi les tâches candidates au transfert, celles ayant une durée de vie trop courte. Plusieurs filtres ont ainsi été proposés dans la littérature [30, 71].

Un système d'équilibrage peut aussi tenir compte des ***comportements précédents*** du système (historique) et obtenir ainsi des politiques de transfert de plus en plus performantes. Néanmoins, cet ajustement en fonction des comportements passés nécessite de grosses capacités mémoires pour conserver l'historique de ces comportements [69], et un tel investissement n'est utile que si le système traite fréquemment les mêmes tâches.

Enfin, la politique de transfert doit minimiser les situations d'inversion des rôles. Cette inversion a lieu lorsqu'une ressource surchargée transfère une ou plusieurs tâches vers une autre ressource moins chargée ; celle-ci peut à son tour, et avant la mise en place effective du transfert, devenir surchargée. Ainsi, il est possible que la tâche qui lui a été transférée le soit à nouveau. Pour éviter cet effet dit *"effet domino"* [19], il faudrait tenir compte de ce que sera la charge future d'une ressource, car le temps de réponse de la ressource, i.e sa capacité à traiter rapidement une tâche, dépend de sa charge future et non de sa charge actuelle.

1.6 Indices de performance

Les différentes approches citées dans la section 1.3 ne sont pas, malheureusement, toutes conciliables et nécessitent des indices précis pour évaluer et comparer les performances de différents systèmes d'équilibrage. Parmi tous les indices proposés dans la littérature, nous pouvons retenir les suivants [76] :

- Du point de vue de l'utilisateur, l'indice le plus important est le temps de réponse, c'est-à-dire le temps qui s'écoule entre l'instant où une tâche est soumise au système et l'instant où celle-ci est complètement exécutée ;
- Du point de vue des ressources, l'indice mesuré est le nombre de tâches traitées par unité de temps par le système distribué ;
- Le nombre de tâches présentes à un instant t dans le système représente la charge de travail instantanée de ce système. Cet indice caractérise aussi les performances d'un système ;
- Le nombre de communications effectuées dans le système pendant une unité de temps, appelé *taux de communication*, est mesuré pour minimiser le surcoût dû aux transferts.

L'efficacité d'un système de répartition de charge peut être déterminée par la prise en charge de tous ces indices de performances qui sont parfois en dualité, ce qui nécessite de satisfaire les propriétés suivantes [1, 8] :

1.7. Conclusion

- **Efficacité** : Un système d'équilibrage de charge doit pouvoir exploiter la puissance maximale d'une ressource en minimisant son temps d'inactivité. Il est donc possible de vérifier son efficacité en observant directement la proportion du temps d'inactivité pour chaque ressource ;
- **Équité** : Elle consiste à attribuer, à un instant donné, le même temps d'exécution à des tâches ayant les mêmes priorités. Sur une ressource donnée, cette propriété est assurée par l'ordonnanceur. Cependant, celui-ci n'a pas les moyens d'ajuster le temps alloué à chaque tâche en fonction de ce qui se passe sur les autres ressources. C'est donc le système d'équilibrage de charge qui devra assurer l'équité inter-ressources ;
- **Localité** : Les tâches qui ont une affinité particulière pour une ou plusieurs ressources doivent y être affectées en priorité. Cette propriété implique en général une réduction du nombre de migration et aussi, pour une tâche donnée, un ratio de temps d'exécution supérieur sur certaines ressources que sur d'autres ;
- **Stabilité** : Il faut veiller à ce que toutes les tâches s'exécutent en un temps fini. Nous devons prêter attention au phénomène de va-et-vient perpétuel entre nœuds d'une tâche ;
- **Extensibilité** : Les performances d'un système d'équilibrage ne doivent pas se dégrader avec l'augmentation du nombre de nœuds dans le système ;
- **Transparence** : Le système d'équilibrage doit s'exécuter de manière transparente par rapport à l'utilisateur. Ce dernier ne doit pas prendre part à la politique de la répartition de charge, sauf dans des cas extrêmes et bien spécifiques.

1.7 Conclusion

L'équilibrage de charge est un élément essentiel en calcul parallèle et distribué. En effet, il ne suffit pas de décomposer une application en tâches et de répartir celles-ci au hasard sur une architecture pour espérer obtenir de bonnes performances. Au contraire, un mauvais placement peut se révéler catastrophique. Il faut donc que le système possède, de manière continue, des informations sur la charge des ressources, les capacités et la topologie du système. Un équilibrage de charge ne doit pas également provoquer un volume d'échange de messages important entre les nœuds du système, ce qui aura pour effet la dégradation de ses performances.

Dans ce chapitre, nous avons présenté le problème de l'équilibrage de charge, ainsi qu'une classification des différentes approches de résolution de ce problème, proposées dans la littérature. Nous avons ensuite analysé les principaux éléments d'un système d'équilibrage de charge et relaté les difficultés rencontrées lors de sa conception.

1.7. Conclusion

La majorité des travaux relatifs à l'équilibrage de charge se sont focalisés sur des systèmes où les ressources et les réseaux de communication sont considérés comme étant homogènes. Cependant, les dernières évolutions dans le calcul distribué ont conduit à l'apparition de nouvelles infrastructures appelées *grilles de calcul* [32], dont les caractéristiques diffèrent complètement de celles des systèmes distribués classiques. D'autre part, les réseaux d'interconnexion, au niveau des grilles, présentent des performances très diversifiées, notamment en ce qui concerne les largeurs des bandes. Ces propriétés font que le problème d'équilibrage de charge devient beaucoup plus complexe dans le cas des grilles de calcul.

Dans le chapitre suivant, nous allons aborder de manière plus spécifique ce problème d'équilibrage dans le cadre des grilles de calcul.

Chapitre 2

Équilibrage de charge dans les grilles de calcul

2.1 Introduction

Les systèmes parallèles et distribués ont connu ces dernières années un essor assez particulier grâce au potentiel de puissance de traitement qu'ils peuvent offrir et au faible coût de leur déploiement, ce qui les rend à la portée de petites et moyennes entreprises. Le même phénomène d'évolution est observé pour les réseaux d'interconnexions qui offrent, à des prix abordables, des capacités de transfert de plus en plus grandes ainsi qu'une meilleure qualité de service.

Partant du vieil adage selon lequel *"l'union fait la force"*, dès les années soixante, les premiers super-calculateurs ont fait leur apparition et ont connu leur heure de gloire jusque dans les années quatre-vingt-dix. C'est alors que sont apparues les grappes de stations (ou clusters), bien moins coûteuses, mais offrant des performances qui peuvent être comparables à celles des super-calculateurs. Ces clusters sont constitués d'un ensemble de stations connectées par un réseau rapide et à haut débit. Cette évolution n'a été possible que grâce à des efforts constants en terme de conception et de développement logiciel, notamment par la disponibilité de systèmes comme Linux et de bibliothèques comme PVM ou MPI [34].

Actuellement, différents types de machines cohabitent pour constituer des infrastructures très hétérogènes, comprenant des super-calculateurs, des grappes de PC's et des stations de travail personnelles. Ces différentes architectures ne suffisent cependant pas toujours pour supporter les applications qui sont de plus en plus exigeantes en ressources de calcul et en capacité stockage, issues de nombreux domaines tels que le calcul scientifique intensif, la modélisation, la simulation, la fouille de données ou bien encore la bioinformatique [17, 70].

Les réseaux étant de plus en plus rapides et accessibles, la tendance actuelle en matière de calcul distribué est de chercher à fédérer un ensemble de machines, réparties à l'échelle d'un continent, voire de la planète entière grâce aux réseaux existants et à l'Internet, afin d'en agréger les puissances de calcul et de stockage. C'est cette idée qui a conduit à l'émergence d'un nouveau concept de calcul appelé *calcul de grille (grid computing)*, supporté par des architectures appelées *grilles de calcul* (computational grid) [32]. La mise en œuvre de telles infrastructures peut se faire de manière plus ou moins simple, dans la mesure où l'idée sous-jacente est de mettre en commun les infrastructures actuelles afin de construire un super-calculateur virtuel. Ainsi, il est possible de déployer une grille à partir de ressources existantes (PC's, stations de travail, machines parallèles, etc.) en utilisant des réseaux d'interconnexion existants, et notamment l'Internet. Il est aussi possible d'utiliser une approche communautaire et volontariste, dans laquelle chaque individu ou institution accepte de mettre ses ressources à la disposition de ceux qui en ont besoin [9].

Il est évident que la gestion de telles infrastructures nécessite la mise en place de *middlewares* qui soient à la fois capables de gérer toutes les potentialités offertes par ces infrastructures, mais également de permettre aux utilisateurs de pouvoir les exploiter efficacement [6, 59].

2.2 Aperçu général sur les grilles de calcul

2.2.1 Définitions et motivations

La notion de *Grille de calcul* a été introduite pour la première fois aux États-Unis durant les années quatre-vingt-dix [8] pour décrire une infrastructure de calcul répartie utilisée dans des projets de recherche scientifiques et industriels. En s'inspirant des potentialités et des caractéristiques d'une grille d'électricité, Foster [32] définit la notion de grille de calcul comme étant :
*"une **infrastructure matérielle et logicielle** fournissant un **accès fiable** (dependable), **cohérent** (consistent), à **taux de pénétration élevé** (pervasive) et **bon marché** (inexpensive) à des capacités de traitement et de calcul".*
Le terme infrastructure matérielle et logicielle désigne un ensemble de ressources de calcul et de stockage, autonomes et hétérogènes (PC's, stations de travail, super-calculateurs, clusters, serveurs de disques, de bandes, etc.) interconnectées par un réseau de communication hétérogène (LAN, WAN, Internet) et gérés au moyen d'une couche logicielle (middleware).

Les principaux avantages qu'une grille de calcul est en mesure d'offrir peuvent être résumés comme suit [5, 9, 29, 32] :
- **Collaboration en organisations virtuelles** : Les grilles de calcul se basent sur le principe du partage de ressources et de la résolution de problèmes de manière coordonnée au sein d'*organisations virtuelles* dynamiques et multi-institutionnelles [33]. Le partage ne concerne pas uniquement le simple partage de fichiers mais plutôt l'accès direct aux or-

dinateurs, aux logiciels, aux données et aux autres ressources. Le partage de ressources doit nécessairement être hautement contrôlé et les politiques qui en découlent clairement définies. C'est de cette manière que sont définies les organisations virtuelles qui sont "*Un ensemble de composants géographiquement et institutionnellement distribués permettant à des groupes d'organisations ou d'individus de partager des ressources de manière contrôlée pour que les différents membres puissent collaborer afin d'atteindre un but commun*" [33]. Une organisation virtuelle est donc un ensemble de ressources, d'utilisateurs et de règles régissant le partage des ressources.

- **Exploiter les ressources sous utilisées** : Des études menées par F. Berman [8] ont montré que le taux d'exploitation des ordinateurs personnels et des stations de travail est inférieur à 30% alors que celui des serveurs ne dépasse pas les 50%. Les grilles de calcul permettent ainsi d'utiliser les cycles processeurs, durant lesquels les machines sont inactives afin de permettre à une application, nécessitant une puissance de calcul que les machines qui lui sont dédiées n'arrivent pas à assurer, de s'exécuter. Les cycles processeurs ne sont pas la seule ressource sous utilisée, mais souvent les capacités de stockage le sont aussi. Dans ca cas, on parle de *grille de données*.

- **Fournir une grande capacité de calcul parallèle** : Le fait de pouvoir fournir une grande capacité de calcul constitue une caractéristique importante des grilles de calcul pour les application parallèles. En effet, un grand nombre d'applications sont écrites de façon à pouvoir exploiter parallèlement des ressources (clusters, multiprocesseurs, etc.).

- **Meilleure utilisation de ressources spécifiques** : En partageant des ressources, une grille pourra fournir l'accès à des ressources spéciales comme des équipements spécifiques (microscope électronique, bras robotique, etc.) ou des logiciels dont le prix de la licence est élevé. Ainsi, ces ressources mises à la disposition de tous les utilisateurs seront mieux utilisées et partagées, ce qui évite d'avoir recours à installer de nouveaux matériels ou à acheter de nouvelles licences.

- **Fiabilité et disponibilité des services** : Du fait que les ressources fédérées par une grille de calcul sont géographiquement dispersées et disponibles en quantités importantes, la continuité d'un service pourra être assurée si certaines ressources deviennent inaccessibles.

2.2.2 Taxonomie des grilles

Les architectures de grille peuvent être classées selon deux points de vue [45] :

1. Selon le point de vue objectif et en fonction du type d'applications auxquelles elles sont destinées, nous pouvons distinguer trois types de grille tels qu'illustrés dans la figure 2.1 :

2.2. Aperçu général sur les grilles de calcul

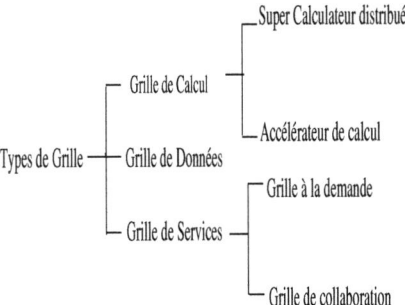

FIG. 2.1 – Types de grilles

(a) Les **Grilles de calcul** constituent une agrégation de la puissance de calcul pour le traitement d'applications nécessitant un calcul intensif. Selon la façon dont cette puissance de calcul est utilisée, ce type de grille peut être à son tour subdivisée en deux catégories :
   – *Super-calculateurs distribués* : exécutent une application parallèle sur plusieurs machines dans le but d'améliorer son temps de réponse ;
   – *Accélérateurs de calcul* : exécutent une application sur une machine appropriée dans l'objectif d'améliorer le temps de réponse moyen d'un flot d'applications [1, 11]

(b) Les **Grilles de données** fournissent une infrastructure pour synthétiser et extraire de la connaissance à partir d'un ensemble de données brutes ;

(c) Les **Grilles de services** sont utilisées pour les systèmes qui offrent des services qui ne peuvent pas être disponibles sur une simple machine. Ce type peut être subdivisé en trois catégories :
   – *Grille à la demande* : agrège dynamiquement différentes resources pour fournir de nouveaux services. Comme exemple, nous pouvons citer le problème de simulation qui nécessite des ressources (en nombre et en type), qui dépendent des paramètres d'exécution.
   – *Grille de collaboration* : regroupe utilisateurs et applications en groupes de travail collaboratif. Ces types de grille permettent une interaction entre utilisateurs et applications en temps réel au moyen d'un espace de travail virtuel.

2. Selon le point de vue topologique, Ferreira et al. [29] répertorient les grilles en trois classes par ordre croissant d'étendue géographique et de complexité (voir figure 2.2). Ainsi, nous distinguons les *Intragrilles*, les *Extragrilles* et les *Intergrilles*.

2.2. Aperçu général sur les grilles de calcul

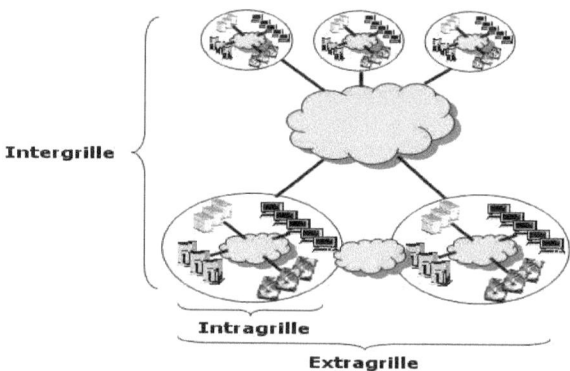

FIG. 2.2 – Différentes topologies de grille

(a) **Intragrille** (par analogie à Intranet) : elle est composée d'un ensemble de ressources et de services qui appartiennent à une organisation unique. Les principales caractéristiques d'une telle grille sont la présence d'un réseau d'interconnexion performant et haut-débit, d'un domaine de sécurité unique et maîtrisé par les administrateurs de l'organisation et d'un ensemble relativement statique et homogène de ressources. Une entreprise peut être amenée à construire une intragrille pour augmenter la puissance de calcul de ses équipes de recherche et développement tout en maintenant un niveau d'investissement faible en terme de nouvelles infrastructures.

(b) **Extragrille** (par analogie à Extranet) : une extragrille étend la topologie précédente en agrégeant plusieurs intragrilles. Les principales caractéristiques d'une telle grille sont la présence d'un réseau d'interconnexion hétérogène haut et bas débit (LAN/WAN), de plusieurs domaines de sécurité distincts, et d'un ensemble plus ou moins dynamique de ressources. Un exemple d'utilisation de ce type de topologie est le modèle *"Business-to-Business"* (B2B) entre entreprises partenaires.

(c) **Intergrille** (par analogie à Internet) : Une intergrille consiste à agréger les grilles de multiples organisations en une seule grille. Les principales caractéristiques d'une telle grille sont la présence d'un réseau d'interconnexion très hétérogène haut et bas débit (LAN/WAN), de plusieurs domaines de sécurité distincts et ayant des politiques de sécurité différentes et d'un ensemble très dynamique de ressources. Les intergrilles seront souvent mises en œuvre lors de grands projets industriels (conception d'un avion par un consortium aéronautique par exemple) ou scientifiques (modélisation de protéines) où plusieurs organisations seront amenées à participer.

2.3 Équilibrage de charge dans les grilles de calcul

Dans les grilles de calcul, le problème d'équilibrage de charge devient beaucoup plus complexe que dans le cas des systèmes répartis classiques ou dans le cas des clusters homogènes. De nombreux facteurs supplémentaires interviennent, dont le plus contraignant est le manque de finesse dans le contrôle des ressources par le système d'équilibrage de charge. Les ressources appartenant à diverses organisations sont partagées selon des politiques appropriées spécifiant quelles ressources partager, qui est autorisé à y accéder et sous quelles conditions. Les difficultés spécifiques qui sont à la base du concept de grille résident dans le principe du partage de ressources et de la résolution des problèmes au sein d'*organisations virtuelles* dynamiques et multi-institutionnelles [33].

2.3.1 Problématiques particulières liées aux grilles de calcul

Les premières conceptions de systèmes d'équilibrage de charge pour les grilles se sont basées sur des méthodologies conçues pour les clusters [60]. Les résultats obtenus étaient médiocres car les hypothèses établies pour les clusters ne peuvent convenir aux grilles [48]. En effet, bien que les deux sont des environnements de calcul parallèle et distribué, ils diffèrent sur plusieurs aspects essentiels que nous allons décrire dans ce qui suit :

Caractéristiques d'un système d'équilibrage pour clusters

Les utilisateurs de clusters conçoivent généralement leurs applications dans des environnements qui se distinguent par cinq principales caractéristiques :

1. *Homogénéité des ressources et des applications* : Les ressources sont homogènes en terme de capacité, ce qui simplifie l'estimation du temps d'exécution des tâches. Un cluster est caractérisé par une relative stabilité sur le nombre de ressources. En plus, un cluster est généralement dédié à un ensemble d'applications prédéfinies, ce qui conduit aux mêmes requêtes en matière de ressources.

2. *Appropriation des ressources* : En général, toutes les ressources de traitement et de communication appartiennent au même domaine d'administration. En conséquence, leurs comportements sont facilement prévisibles.

3. *Ordonnancement centralisé* : Dans un cluster, l'ordonnancement de tâches est réalisé par une entité centralisée. L'ordonnanceur centralise les informations de charge de chaque ressource du cluster et peut disposer d'un état global sur la charge instantanée du système.

4. *Réseau de communication homogène et haut débit* : En raison de leur étendue géographique limitée, les réseaux d'interconnection utilisés par les clusters sont homogènes et offrent une largeur de bande assez suffisante et stable.

2.3. Équilibrage de charge dans les grilles de calcul

5. *Objectif de performance unique* : L'exécution d'un système d'équilibrage de charge vise un seul et unique but de performance, ce qui simplifie sa conception.

Il est naturellement clair que dans des environnements à grande échelle, telles que les grilles de calcul, ces hypothèses ne sont pas tout à fait réalistes [48, 50]. En effet, ces nouvelles infrastructures possèdent des caractéristiques intrinsèques qui compliquent la conception d'algorithmes d'équilibrage de charge.

Caractéristiques d'un système d'équilibrage pour grilles

Les grilles de calcul possèdent six caractéristiques fondamentales qui déterminent leurs principales différences par rapport aux systèmes parallèles et distribués classiques [5] :

1. *Hétérogénéité* : Cette hétérogénéité concerne aussi bien les ressources de calcul que les réseaux de communication. Les ressources de calcul sont hétérogènes sur le plan matériel, (architecture des processeurs, nombre de processeurs, mémoire physique, vitesse CPU, etc.) et sur le plan logiciel (système d'exploitation, système de fichier, etc.). Les réseaux d'interconnection peuvent différer de manière significative en terme de largeur de bande et de protocoles de communication.

   Cette double hétérogénéité complique toute estimation du temps d'exécution des tâches puisque les ressources ne peuvent pas être considérées uniformément. Un système d'équilibrage approprié doit pouvoir prendre en compte cette hétérogénéité pour tirer profit de la puissance des capacités offertes par la grille.

2. *Autonomie* : Dans une grille, les nœuds constituent des entités de calcul autonomes. Ils sont géographiquement distribués et appartiennent à différentes organisations, chacune ayant ses propres politiques de gestion et de sécurité.

   - D'une part, il est indispensable de respecter les politiques de chacune de ces organisations pour que les utilisateurs non autorisés ne puissent pas accéder aux ressources appartenant à certains domaines spécifiques.

   - D'autre part et contrairement aux clusters, chaque nœud dispose de son propre *objectif de performance*, ce qui l'amène à prendre des décisions d'ordonnancement indépendamment des autres nœuds pour atteindre son objectif.

   Chaque nœud dispose de deux types de tâches : les *tâches locales* soumises par les utilisateurs du nœud et les *tâches migrantes* appartenant à d'autres nœuds et qui sont transférées par l'ordonnanceur. Ainsi, la *priorité locale* est aussi un autre aspect important qui doit être pris en considération. En effet, les tâches locales doivent avoir la priorité (un utilisateur doit avoir la priorité pour accéder à sa propre machine).

3. *Non-appropriation des ressources* : Le partage des ressources, par plusieurs utilisateurs à profils différents, conduit à l'utilisation concurrente des ressources. Cette concurrence

2.3. Équilibrage de charge dans les grilles de calcul

concerne tous les types de ressources : ressources de calcul, réseaux d'interconnection, logiciels, etc. Une des conséquences de cette compétition est que le comportement, et donc les performances, varie continuellement avec le temps (comportement dynamique). Sous un tel environnement, concevoir un modèle d'équilibrage précis est extrêmement difficile. La plus grande difficulté réside dans l'estimation de la charge globale qui soulèvent plusieurs questions parmi lesquelles, nous pouvons mentionner [58, 76] :
- Quels critères retenir dans la définition de la charge d'une ressource ?
- Comment mesurer cette charge ?
- Comment prendre en charge les fluctuations subites ?
- Comment intégrer toutes les informations liées à l'hétérogénéité des ressources pour obtenir une moyenne représentative de la charge instantanée de toute la grille ?

4. *Dynamicité* : Dans les systèmes distribués classiques et les clusters, le pool des ressources est supposé fixe ou stable. Dans les grilles, ce caractère n'est pas vérifié en raison de la dynamicité des ressources de calcul et des réseaux de communication. En effet, une ressource peut se connecter et se déconnecter de manière complètement imprévisible. Cela pose des contraintes sur les applications telles que l'adaptation au changement dynamique du nombre de ressources, la tolérance aux pannes, etc. Une resource qui se connecte ou se déconnecte doit être détectée et prise en compte par le système dans la décision d'équilibrage de charge.

5. *Diversité des applications* : Les applications soumises au système peuvent être très diverses, étant donné qu'elles émanent de différentes organisations, chacune ayant ses propres exigences [55]. Par exemple, certaines applications nécessitent une exécution séquentielle, d'autres sont composées de modules indépendants qui peuvent s'exécuter en parallèle. Dans ce contexte, il est très complexe de concevoir un système d'équilibrage prenant en compte tous ces paramètres pour supporter une large variété d'applications.

6. *Séparation des données et des calculs* : Dans les systèmes parallèles traditionnels, les codes exécutables des applications et les données résident en général dans le même nœud. Au cas échéant, les sources d'entrée et les destinations de sortie sont déterminées avant la soumission de l'application. Ainsi, le coût des entrées/sorties peut être négligé dans le premier cas ou défini avant l'exécution dans le second cas. En conséquence, dans les deux cas, le système d'équilibrage de charge ne considère pas ces coûts. Cependant dans une grille, les données peuvent être distantes des codes, et compte tenu de l'étendue et des performances des réseaux, elles peuvent avoir un coût considérable. Ce coût devient plus significatif quand il s'agit d'applications nécessitants un volume important de données. Ainsi, nous pouvons nous retrouver dans des situations où les gains apportés par un transfert de tâches sont neutralisés par les coûts d'accès aux données nécessaires à l'exécution de ces tâches.

2.3. Équilibrage de charge dans les grilles de calcul

Ces caractéristiques posent des problèmes cruciaux de conception d'un système d'équilibrage efficace et effectif pour les environnements de grilles. Certains problèmes sont toujours ouverts et constituent des domaines de recherche actuellement investis [2, 3, 23].

2.3.2 Architecture d'un système d'équilibrage

Cette section décrit les composants et les fonctionnalités que doit englober tout système d'équilibrage de charge [64]. Pour les introduire, nous allons d'abord présenter une stratégie générale décrivant les différentes étapes à suivre pour réaliser un équilibrage effectif.

Stratégie générale d'équilibrage de charge

Schopf [64] a proposé un schéma général portant sur les différentes étapes à suivre pour concevoir et développer une stratégie d'équilibrage de charge dans les systèmes hétérogènes à large échelle. Le schéma proposé est composé de trois phases subdivisées en dix étapes. Toutefois, il n'est pas obligatoire de réaliser l'intégralité de ces étapes ni de respecter l'ordre défini.

1. **Phase 1 : Recherche des ressources potentielles**
    - *Étape 1* : *Filtrage des autorisations*
    Il s'agit d'établir la liste des ressources auxquelles l'utilisateur est autorisé à y accéder ;
    - *Étape 2* : *Spécification des besoins*
    Durant cette étape, l'utilisateur définit les ressources qu'il demande (système d'exploitation, mémoire, vitesse, etc.)
    - *Étape 3* : *Filtrage sur la base des exigences minimales*
    Étant donné les ressources accessibles et les ressources requises par une application, il s'agit de supprimer les ressources qui ne peuvent pas participer à l'équilibrage afin de les attribuer à d'autres utilisateurs.

2. **Phase 2 : Sélection des ressources candidates à participer à un équilibrage**
    - *Étape 4* : *Collecte d'informations de charge*
    Il s'agit de collecter les informations de charge sur chaque ressource potentielle, afin d'effectuer le choix des ressources à utiliser : charge du système, longueur de file d'attente pour chaque CPU, etc.
    - *Étape 5* : *Sélection des ressources nécessaires à l'équilibrage*
    Grâce aux informations de charge recueillies à l'étape précédente, le système peut choisir la ou les ressources qui participeront à un équilibrage de charge.

3. **Phase 3 : Mise en œuvre de l'équilibrage de charge**
    - *Étape 6* : *Réservation*
    Dans certains cas, il se peut que tout ou partie des ressources doit être réservée pour permettre une meilleure utilisation de la grille.

2.3. Équilibrage de charge dans les grilles de calcul

- **Étape 7** : *Soumission*
  Une fois la ressource choisie, il reste à lui soumettre la ou les tâche(s) à exécuter.
- **Étape 8** : *Préparation*
  Les ressources peuvent avoir besoin d'être préparées avant de démarrer l'exécution de la tâche soumise (transfert de fichier, installation de logiciel, etc.).
- **Étape 9** : *Supervision*
  Dans certains cas, l'utilisateur a besoin de suivre l'évolution de l'exécution de son application.
- **Étape 10** : *Fin d'exécution*
  Une fois l'exécution achevée, l'utilisateur est informé de la fin d'exécution de son application. Certaines actions doivent être alors entreprises : récupération des résultats, suppression des fichiers temporaires, etc.

Modèle d'équilibrage de charge

A travers cette thèse, nous nous intéressons principalement à la deuxième et troisième phase que nous résumons en trois étapes :

1. *Collecte d'information de charge* : La collecte d'information est indispensable pour estimer la charge courante des ressources de calcul. Elle doit avoir lieu durant toute la durée d'exécution du système d'équilibrage de charge. Un système d'équilibrage de charge peut soit construire son propre système de collecte d'informations de charge, soit utiliser des services d'information existants fournis par les middlewares [31]. Il est fortement recommandé que le surcoût induit par cette collecte soit faible afin de ne pas pénaliser le système d'équilibrage.

2. *Sélection de ressources* : En principe, la selection de resources est réalisée en deux étapes :
   (a) La première consiste à sélectionner les resources disponibles autorisées pour une application donnée et répondant aux exigences formulées en terme de ressources minimales requises ;
   (b) La seconde étape consiste à partitionner les ressources candidates en surchargées, sous-chargées et équilibrées en fonction de plusieurs heuristiques.

3. *Mise en œuvre de l'équilibrage de charge* : La troisième phase consiste à effectuer une migration de tâches à partir des ressources surchargées vers les ressources sous-chargées en tenant compte des coûts de communication induits par les transferts de ces tâches. Le problème de re-allocation de ressources aux tâches est un problème de programmation linéaire qui est considéré *NP-complet* [76], pour qui une grande variété d'heuristiques peuvent être appliquées.

2.3. Équilibrage de charge dans les grilles de calcul

La figure 2.3 schématise l'architecture générale d'un système d'équilibrage de charge pour une grille de calcul.

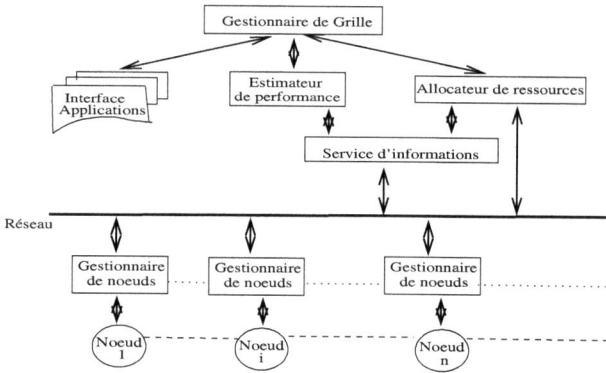

FIG. 2.3 – Architecture générale d'un système d'équilibrage de charge

Les composants de cette architecture sont définis comme suit :

- Les ressources physiques de calcul (nœuds) constituent le plus bas niveau de l'architecture. Chaque ressource est gérée par un *Gestionnaire de nœuds* (**GN**) ayant deux principales fonctions :

  1. Gérer localement les tâches en attente d'exécution dans le nœud. Ces tâches peuvent être aussi bien des tâches soumises par des utilisateurs extérieurs au nœud, que des tâches locales.
  2. Informer le Service d'Informations de la grille (**SI**) sur la disponibilité et les capacités courantes des ressources qu'il contrôle.

  Un **GN** joue le rôle d'interface entre le gestionnaire de grille et le nœud auquel il appartient. Le gestionnaire de ressources **GRAM** (Globus Resource Allocation Manager) du middleware GLOBUS [31] est un exemple type de **GN**.

- Le rôle du *Service d'Informations* (**SI**) est de fournir des informations sur les ressources qui peuvent inclure [31] :

  1. *Configuration des ressources* : Quantité de mémoire, nombre de processeurs, fréquences des processeurs, nombre et type des interfaces réseau.
  2. *État instantané de chaque ressource* : Charge du processeur, mémoire disponible, bande passante du réseau.

2.4. Conception d'un système d'équilibrage de charge   33

3. *Informations sur les applications* : Besoins en mémoire centrale, en processeurs et en capacité de stockage disques.

Ces informations sont indispensables pour s'adapter au changement dynamique dans le comportement des ressources de la grille. A titre d'exemple, le composant **MDS** (Metacomputing Directory Service) joue le rôle du service d'information dans GLOBUS [31].

- Les applications d'utilisateurs sont soumises à la grille à travers une *Interface d'Applications* (**IA**) dont le rôle est d'en extraire les propriétés intrinsèques tels que le type de parallélisme, la relation de précédence des tâches, etc. [46].
- L'*Estimateur de Performance* (**EP**) fournit une mesure permettant d'estimer la convenance d'une ressource de calcul pour une tâche donnée. Bien évidemment, le temps d'exécution d'une telle tâche varie avec les caractéristiques des ressources à un instant donné.
- Le *Gestionnaire de Grille* (**GG**) constitue le noyau de l'architecture. Il est chargé principalement de la sélection des ressources et de la prise de décision concernant le transfert de tâches.

    1. La sélection des ressources consiste à trouver les ressources disponibles et appropriées pour supporter l'exécution d'une application donnée ;
    2. La décision de transfert de tâches consiste à choisir les tâches qui doivent migrer, à partir des nœuds surchargés vers les nœuds sous-chargés à travers le réseau de communication selon un objectif de performance bien précis.

- L'*Allocateur de Ressources* (**AR**) exécute physiquement le transfert décidé par le Gestionnaire de Grille, en allouant les resources aux tâches correspondantes. Cette allocation peut englober les données et le code à transférer avant le début d'exécution de l'application.

2.4 Conception d'un système d'équilibrage de charge

Beaucoup de travaux ont été effectués dans le but de résoudre le problème de l'équilibrage de charge pour les grilles de calcul [6, 10, 23, 58]. Nous allons, à travers cette section, présenter les aspects les plus importants, retenus dans ces travaux, pour la conception d'un système d'équilibrage.

2.4.1 Fonctions objectives

La mise en œuvre d'un système d'équilibrage de charge répond à un certain nombre de fonctions objectives, parmi lesquelles l'objectif de performance joue un rôle particulièrement important. Cet objectif concerne trois niveaux [6, 10, 58] : *application*, *système* et *économique*.

2.4. Conception d'un système d'équilibrage de charge

1. *Niveau application* : Ce niveau se base sur la connaissance des caractéristiques des applications et consiste à adapter les ressources du système aux propriétés particulières d'une application donnée, dans l'objectif d'optimiser ses performances (temps d'exécution, temps de réponse, makespan, etc.), sans se soucier de l'exécution des autres applications dans le système [24].

2. *Niveau système* : Appelé aussi équilibrage distribué, il consiste à maximiser les performances globales de toutes les applications présentes dans le système. Les paramètres de performance de ce niveau incluent le taux d'utilisation des ressources, le makespan, le temps de réponse moyen des applications, etc. Ce niveau n'exige aucune connaissance préalable sur les propriétés des applications [51].

3. *Niveau économique* : Un équilibrage au niveau économique prend des decisions en fonction des qualités de service exigées par les applications. Comme exemples de critères de qualité, nous pouvons citer le temps d'exécution, la date limite de l'exécution de l'application (deadline), le coût d'investissement, etc. Chaque ressource est caractérisé par un coût d'utilisation et une capacité. Pour chaque application il s'agit d'avoir une qualité de service à un coût déterminé [1, 11].

2.4.2 Structure du service d'informations

Le service d'informations d'un système d'équilibrage de charge fournit l'état de chaque resource de calcul, avant la prise de décision de toute opération d'équilibrage. Cette information peut être structurée selon trois schémas : *centralisé*, *décentralisé* et *hybride*.

- *Schéma centralisé* : Toute l'information est centralisée au niveau d'une seule entité qui doit interroger continuellement chaque ressource sur son état actuel. Ce schéma, qui ne permet pas le passage à l'échelle, constitue un point de fragilité et peut donner lieu à un goulot d'étranglement. Il peut être utilisé dans le cas d'un cluster de petite taille.
- *Schéma décentralisé* : Chaque ressource maintient l'information sur son état et répond directement aux demandes externes. Ce schéma remédie aux inconvénients du schéma centralisé, toutefois les ressources peuvent s'encombrer de messages. Ce phénomène augmente la complexité du système d'équilibrage en nombre de messages.
- *Schéma hybride* : Les ressources sont agrégées en plusieurs groupes selon une relation prédéfinie (voisinage, fonctionnalité, etc.). Dans ce cas, le schéma centralisé est appliqué à l'intérieur de chaque groupe, alors que le schéma décentralisé est appliqué entre les différents groupes.

2.5 Travaux connexes

L'essentiel des travaux existants sur l'équilibrage de charge dans les grilles portent sur des algorithmes dynamiques qui se basent sur la connaissance préalable de l'état courant du système et les besoins dynamiques des applications. Toutes les décisions d'équilibrage ne prennent en considération que certaines caractéristiques des grilles (hétérogénéité, dynamicité, problèmes de réseaux, etc.). Nous distinguons trois classes d'algorithmes d'équilibrage de charge :

1. *Algorithmes basés sur le principe de partitionnement* : Beaucoup de travaux [21, 22, 43] utilisent les techniques de décomposition ou de partitionnement d'une application à l'aide d'algorithmes issus de la théorie des graphes. A partir de la distribution de charge et de l'état courant du système, une nouvelle distribution de charge améliorant l'objectif de performance est générée. Pour réduire les coûts de communication dûs à la collecte d'informations et au transfert de charge, Shan et al. [65] ont proposé un algorithme de latence qui tente de tirer profit, au niveau d'une machine, du recouvrement entre le calcul et les communications. Malheureusement, sa mise en œuvre est limitée car les applications doivent, elles-mêmes, trouver un parallélisme entre le traitement et la migration des données. Des approches d'équilibrage utilisant la technologie agent ont été également proposées dans ce cadre pour des clusters de machines [13, 56]. La plupart des algorithmes de cette classe et notamment ceux cités ci-dessus présentent les inconvénients suivants :
   - Ils négligent les coûts de migration, qui peuvent être parfois très prohibitifs ;
   - Ils nécessitent la connaissance préalable de la charge courante du système ;
   - Ils ne peuvent pas s'adapter au changement dynamique du système.

2. *Algorithmes basés sur la division et l'ordonnancement de la charge* : Dans cette classe d'algorithmes, la charge totale induite par l'application à exécuter est distribuée linéairement et aléatoirement sur les resources disponibles du système. Cette méthode peut s'appliquer aussi bien aux ressources de calcul qu'aux réseaux de communication. En utilisant cette méthode, Genaud et al. [34] ont amélioré la primitive MPI_Scatterv en lui faisant supporter un équilibrage maître-esclave par l'optimisation de la distribution de calcul et de données. Hu et al. [40] ont proposé un algorithme optimal de transfert de données à travers le calcul d'un multiplicateur de Lagrange de la forme Euclidienne d'un volume de données. Les résultats fournis par cet algorithme ont montré que le transfert de données peut être minimisé efficacement dans le cas d'environnements homogènes. Par contre, cet algorithme ne considère pas l'hétérogénéité du réseau qui peut avoir des incidences négatives sur les performances d'une application. De plus, il est difficile de tenir compte du transfert de charge parce que les performances d'un réseau WAN sont dynamiques en terme d'exécution et d'instabilité [36].

Nous pouvons dire que malgré le fait que ces algorithmes prennent en compte l'aspect communication, ils souffrent de leur nature statique et ne prennent pas en compte la dynamicité de la charge et des réseaux.

3. *Algorithme basés sur la prévision du comportement de la charge :* Un système d'équilibrage de charge requiert une prévision de la charge future et du coût de communication pour établir un modèle de transfert performant. L'utilisation d'une expression linéaire pour calculer ces valeurs peut ne pas suffire dans les grilles, car des changements imprévisibles et complexes peuvent affecter brutalement la charge du système. Dans [16], Chen et Schmidt proposent une heuristique de prévision de charge. Les expériences réalisées à l'aide de cette heuristique ont montré que leur modèle s'accommode bien aux tâches à temps d'execution faible. Toutefois, les performances réalisées ne peuvent s'appliquer qu'à une application particulière et ne peuvent être généralisées.

L'objectif traditionnel d'un algorithme d'équilibrage de charge, au niveau système, consiste à minimiser le temps d'exécution global des applications (*makespan*). Cependant, dans le contexte des architectures distribuées hétérogènes, minimiser ce *makespan* est dans la plupart des cas un problème NP-complet [76]. En ce qui concerne les systèmes à large échelle, telles que les grilles, une minimisation absolue du temps d'exécution global n'est pas obligatoirement le seul objectif. Nous pensons que le coût de communication, induit par la redistribution de charge, est également important car il met en jeu deux facteurs importants : le volume de données à transférer et l'hétérogénéité des réseaux de communications d'une grille qui peuvent présenter des performances très différentes.

2.6 Conclusion

L'objectif de ce chapitre consiste à présenter les difficultés liées à l'introduction des caractéristiques des grilles de calcul dans des modèles classiques conçus pour les systèmes parallèles et distribués traditionnels. Après avoir donné un aperçu général sur les grilles de calcul, nous avons présenté les défis à relever lors de la conception d'un système d'équilibrage de charge pour ces infrastructures. Ces défis incluent l'hétérogénéité, l'autonomie des nœuds, la dynamicité et la diversité des applications. Nous avons ensuite décrit une architecture générale et une stratégie globale pour mettre en évidence les fonctions nécessaires d'un système d'équilibrage. Finalement, nous avons relaté les principaux travaux d'équilibrage de charge existants.

La plupart de ces travaux utilisent des hypothèses assez restrictives et des modèles assez simples où les réseaux d'interconnexion sont souvent très simplistes en regard de la réalité. Si ces hypothèses sont justifiées pour les environnements homogènes, elles sont irréalistes en milieu hétérogène et les heuristiques qui en découlent ne peuvent s'adapter à la réalité des grilles de calcul.

2.6. Conclusion

En effet, l'optimisation de l'utilisation des ressources de calcul et de communication dans les grilles de calcul pose des problèmes beaucoup plus complexes que ceux posés par les systèmes parallèles et distribués classiques, et ce notamment à cause de la nature largement distribuée, excessivement hétérogène et fortement dynamique des grilles de calcul. La prise en compte de ces caractéristiques, dans un système d'équilibrage de charge, est donc un enjeu majeur pour l'utilisation efficace de ces nouvelles plates-formes. Le problème reste ouvert, dans la mesure où il n'existe aucune solution permettant de capturer toutes les propriétés spécifiques aux grilles de calcul. C'est dans cette perspective que nous inscrivons l'objet de notre travail à travers cette thèse. Dans le chapitre suivant, nous allons proposer un modèle d'équilibrage prenant en compte l'hétérogénéité des ressources et les coûts de communication induits par les transferts de tâches.

Chapitre 3

Modèle d'équilibrage de charge pour les grilles de calcul

3.1 Introduction

La plupart des résultats sur l'équilibrage de charge dans les grilles de calcul, que l'on peut trouver dans la littérature [6, 10, 23, 58], ont été obtenus à l'aide d'hypothèses assez restrictives et à des modèles assez simples : les réseaux d'interconnexion sont souvent simplistes en regard de la réalité, les ressources de calcul et de communication sont souvent supposées ne pas avoir de variation de performances et il est toujours possible d'obtenir des prédictions parfaites des vitesses des ressources. Ces hypothèses simplificatrices sont nécessaires à la compréhension de certains phénomènes mais ne sont jamais vérifiées en pratique. Pour les grilles de calcul, il est indispensable de prendre en considération leurs principales caractéristiques, en particulier l'hétérogénéité et la dynamicité qui rendent le problème d'équilibrage de charge plus complexe, dans la mesure où il faut concilier une grande variété de paramètres.

Nous proposons, dans ce chapitre, un modèle arborescent et distribué de représentation et d'équilibrage de charge adapté aux grilles de calcul. En se basant sur la structure du modèle proposé, nous définissons une stratégie d'équilibrage hiérarchique et distribuée caractérisée par une prise de décision locale au niveau des nœuds d'une grille. A travers cette stratégie d'équilibrage nous visons deux principaux objectifs :

1. Réduction du temps de réponse moyen des tâches soumises à une grille de calcul ;
2. Réduction des coûts de communication induits par le transfert de tâches d'une part et par la circulation des informations sur les charges des ressources, d'autre part.

3.2 Modèle proposé

Nous allons d'abord présenter les éléments constitutifs d'une grille que nous utiliserons par la suite dans la définition du modèle de représentation d'une grille. D'un point de vue topologique, nous considérons qu'une grille de calcul, telle qu'illustrée par la figure 3.1, est composée d'un ensemble de grappes (clusters) connectées à travers un réseau global WAN (World Area Network). Chaque cluster est composé d'un ensemble de nœuds de calcul qui communiquent à travers un réseau local LAN (Local Area Network) et appartiennent au même domaine. L'ensemble des ressources de calcul et moyens de communications peuvent être hétérogènes sur le plan des architectures, des systèmes d'exploitation et des réseaux de communications.

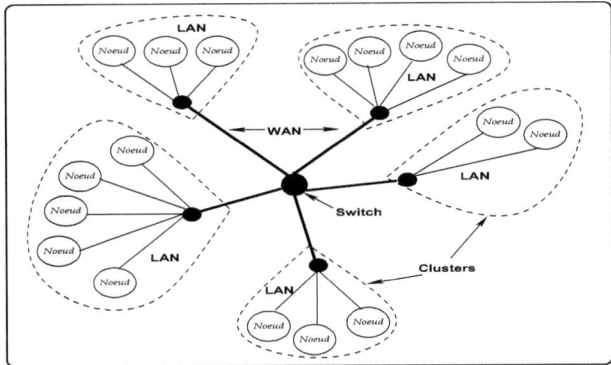

FIG. 3.1 – Exemple de topologie d'une grille

Pour représenter une grille de calcul composée des éléments que nous venons de décrire, nous proposons de la transformer, de manière univoque, en un arbre d'interconnection virtuel [79] (voir figure 3.3). Cet arbre est généré par agrégation selon la transformation décrite ci-dessous :

1. A chaque cluster est associé un arbre à deux niveaux :
   - Le niveau racine de cet arbre est un nœud virtuel. Son rôle consiste à gérer la charge du cluster ;
   - Le niveau suivant, relatif aux feuilles, correspond aux nœuds physiques du cluster.
2. Les arbres à deux niveaux associés aux divers clusters sont agrégés pour donner lieu à un arbre à trois niveaux, représentant la grille toute entière :
   - Le niveau racine de cet arbre est un nœud virtuel, dont la fonction principale consiste à gérer la charge de la grille.
   - Les niveaux suivants correspondent à l'arbre à deux niveaux défini précédemment.

3.2. Modèle proposé

Tel qu'illustré par la figure 3.3, l'arbre générique d'une grille peut être instancié en deux configurations notées, respectivement **1/N** et **C/N**, où **N** représente le nombre de *nœuds* et **C** le nombre total de *clusters* d'une grille [77, 78].

3.2.1 Modèle 1/N

Cette instance du modèle représente la plus petite grille possible, à savoir un seul cluster composé de N nœuds de calcul. Le schéma relatif à cette instance est le modèle $1/N$ de la figure 3.2 qui comprend deux niveaux définis comme suit [77] :

1. Le niveau racine de cet arbre correspond à l'unique cluster de la grille. Appelé *Gestionnaire de cluster*, cette racine a pour rôle de :
   - Gérer l'information de charge relative aux nœuds du cluster ;
   - Maintenir l'état de charge du cluster ;
   - Décider de déclencher un équilibrage local, que nous appellerons *équilibrage intra-cluster* ;
   - Informer les nœuds de calcul, pour mettre en œuvre l'équilibrage décidé par le gestionnaire de cluster.

2. Le niveau feuilles de l'arbre, où chaque feuille correspond à un nœud de calcul physique et a pour fonction de :
   - Maintenir à jour l'information sur l'état de charge du nœud correspondant ;
   - Envoyer périodiquement cette information de charge à son gestionnaire de cluster ;
   - Exécuter les opérations d'équilibrage décidées par le gestionnaire de cluster associé.

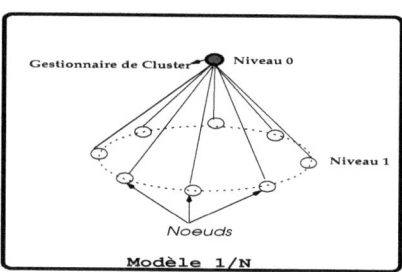

FIG. 3.2 – Modèle de représentation d'un cluster

3.2.2 Modèle C/N

Ce modèle représente une extension du modèle précédent, dans le sens où nous passons d'un seul cluster à C clusters. Nous obtenons ainsi le modèle C/N défini par un arbre à trois niveaux représentant l'agrégation de C modèles de type $1/N$, que nous pouvons définir comme suit [77] :

3.2. Modèle proposé

1. La racine de cet arbre, appelée *Gestionnaire de grille*, a pour fonction de :
   - Maintenir l'information de charge de l'ensemble de la grille ;
   - Décider d'un équilibrage global entre les clusters de la grille, que nous appellerons *équilibrage intra-grille* ;
   - Envoyer les décisions d'équilibrage aux gestionnaires de clusters pour exécution.
2. Le deuxième niveau est associé aux clusters de la grille. Chaque nœud de ce niveau correspond à un gestionnaire de cluster et joue le même rôle que dans le modèle $1/N$.
3. Le troisième niveau correspond aux nœuds physiques de la grille tels que définis pour les feuilles dans le modèle précédent.

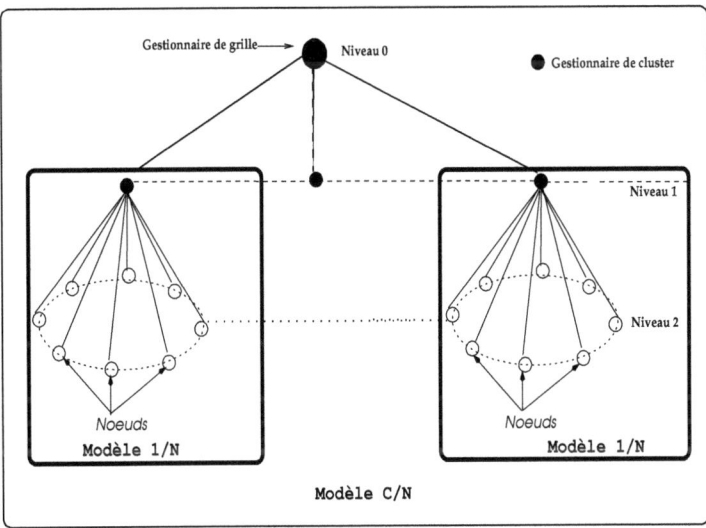

FIG. 3.3 – Modèle générique de représentation d'une grille

Remarque

Bien que nous avons présenté les nœuds de l'arbre d'interconnection comme étant virtuels, chaque nœud virtuel de l'arbre correspond en réalité à un nœud de calcul physique dont le rôle est de gérer les charges du cluster ou de la grille. A titre d'exemple, si un cluster contient N nœuds de calcul alors $(N-1)$ nœuds seront utilisés pour l'exécution des tâches et le N^{ieme} nœud (considéré comme un nœud virtuel dans le modèle) gère la charge du cluster en question. Ce gestionnaire peut soit être dédié, soit avoir un double rôle (exécution de tâches et gestion du cluster).

3.2.3 Caractéristiques du modèle proposé

Le modèle de représentation défini ci-dessus peut être caractérisé par ce qui suit [77, 78] :

1. La modélisation d'une grille en arbre s'effectue par une transformation univoque. A chaque grille correspond un et un seul arbre de représentation et ce quelque soit la complexité topologique de la grille. Nous pouvons considérer cet arbre comme un arbre de recouvrement d'une grille, qui nous permettra de définir l'algorithmique associée à une stratégie d'équilibrage.

2. La structure hiérarchique du modèle facilite les flux d'informations à travers les nœuds de l'arbre. En terme de flux d'informations, nous distinguons trois types de flux :
   – *Flux montant* : Ce flux concerne la circulation des informations de charge pour définir un état de charge à différents niveaux (intra-cluster et intra-grille).
   – *Flux horizontal* : Il concerne les informations nécessaires à l'exécution des opérations d'équilibrage de charge.
   – *Flux descendant* : Ce flux permet de véhiculer les décisions d'équilibrage prises par les gestionnaires correspondants aux différents niveaux du modèle.

3. Le modèle arborescent proposé supporte l'hétérogénéité et la dynamicité en terme de ressources. La connexion/déconnection d'une ressource correspond à des opérations d'adjonction/suppression d'une feuille dans l'arbre.

4. Le modèle C/N est une agrégation de **C** modèles $1/N$.

3.3 Stratégie d'équilibrage de charge

3.3.1 Principes

La structure arborescente du modèle proposé nous a permis de définir une stratégie hiérarchique et distribuée d'équilibrage de charge [80, 82]. Nous distinguons alors deux niveaux d'équilibrage : *Intra-cluster* (ou Inter-nœuds) et *Intra-grille* (ou Inter-clusters).

1. *Équilibrage intra-cluster* : A ce premier niveau, chaque gestionnaire de cluster décide de déclencher une opération d'équilibrage de charge en fonction de la charge courante du cluster qu'il gère. Cette charge est estimée à partir des différentes informations de charge envoyées, périodiquement, par les nœuds de calcul qui composent le cluster. Le gestionnaire de cluster tente, en priorité, d'équilibrer la charge du cluster localement en la répartissant entre les nœuds de calcul qui sont sous son contrôle. Cette approche de localité a pour objectif de réduire les coûts de communication, en évitant les communications inter-clusters qui utilisent des réseaux WAN.

3.3. Stratégie d'équilibrage de charge

2. *Équilibrage intra-grille* : L'équilibrage, à ce second niveau, est déclenché seulement lorsque certains gestionnaires de clusters échouent dans leurs tentatives d'équilibrer leurs charges à travers leurs clusters respectifs. L'échec d'un équilibrage local peut être dû soit à une saturation du cluster, soit à une offre de charge insuffisante induite par les nœuds sous-chargés par rapport à la demande formulée par les nœuds surchargés. Dans ce cas, le gestionnaire de la grille tente de transférer un certain nombre de tâches à partir des clusters surchargés vers les clusters sous-chargés, en tenant compte des coûts de transfert et du choix des tâches à sélectionner.

L'avantage de cette stratégie est à notre avis double :
- D'une part, il s'agit de privilégier un équilibrage local, à l'intérieur du cluster d'abord et dans le cas échéant au niveau de la grille globale. L'objectif de cet équilibrage de *voisinage* consiste à réduire le flux de messages vers l'extérieur (inter-clusters). Ainsi, la priorité est donnée aux communications locales (réseau LAN) dans le but de réduire les surcoûts de communications induits par le transfert de tâches et par les flux d'informations nécessaires à l'équilibrage.
- D'autre part, cette approche est totalement distribuée avec une prise de décision locale. En effet, nous pouvons exécuter en parallèle autant d'équilibrages qu'il y a de clusters dans la grille au niveau intra-cluster.

3.3.2 Hypothèses de la stratégie

Étant donnée une grille de calcul représentée selon la figure 3.1, la description des différents niveaux de notre stratégie d'équilibrage repose sur les hypothèses suivantes [78] :

1. Les nœuds de calcul ont différentes caractéristiques (vitesses, tailles des files d'attente, période d'envoi de leur information de charge, etc.) ;

2. Nous considérons tout au long de cette thèse que les tâches sont indépendantes ;

3. Comme fonction objective, nous nous intéressons essentiellement au temps de réponse moyen d'un flux de tâches de calcul soumis à une grille ;

4. Il est naturel qu'en intra-grille les coûts de communication inter-clusters diffèrent, a cause de l'hétérogénéité des réseaux WAN qui induisent des variations entre les bandes passantes. Cependant en intra-cluster les coûts de communication sont les mêmes, puisque chaque cluster dispose d'un réseau local (LAN) offrant des débits similaires pour tous les nœuds de calcul au sein d'un même cluster.

3.3.3 Description générique de la stratégie

A n'importe quel niveau du modèle défini ci-dessus, nous proposons une stratégie d'équilibrage composée de trois étapes principles que nous allons détailler dans cette section.

Comme la description de cette stratégie se fera de manière générique, nous utiliserons les notions de *groupe* et d'*élément*. Un groupe peut désigner, selon les cas, soit un cluster, soit toute la grille. Un élément est un composant d'un groupe (un nœud ou un cluster). Afin de garantir qu'une opération d'équilibrage ne se déclenche que si elle améliore l'objectif de performance, nous proposons une heuristique permettant d'estimer, a priori, son efficacité. Ainsi, pour éviter qu'un équilibrage inutile ne puisse alourdir la charge totale, nous proposons une stratégie qui tient compte, d'une part de la charge que les éléments sous-chargés sont en mesure d'offrir et d'autre part de la demande des éléments surchargés. Nous définissons pour cela trois états possibles pour chaque groupe :

- Groupe en état d'équilibre : dans un tel état, il est inutile de déclencher une opération d'équilibrage ;
- Groupe en état de déséquilibre sans opportunité d'équilibrage : dans cet état, l'équilibrage local est inutile et il faudra recourir à un équilibrage global ;
- Groupe en état de déséquilibre avec opportunité d'équilibrage : il est possible dans cet état d'entamer un équilibrage local.

Les trois étapes de notre stratégie d'équilibrage sont définies comme suit [82] :

1. **Estimation de la charge d'un groupe :** Cette étape définit les mécanismes de mesure et de communication de charge.

    (i) Quelle est l'information d'état qui caractérise la charge d'un élément ?

    (ii) A partir de quel(s) élément(s) et à quel moment sera elle collectée ?

    (iii) Comment et à quel moment sera évalué l'état de charge du groupe ?

    Les solutions préconisées par notre stratégie d'équilibrage de charge sont les suivantes :

    (i) Les informations retenues pour caractériser la charge de chaque élément sont sa charge courante représentée par le nombre d'unités de calcul en attente d'exécution et sa vitesse quantifiée en terme de nombre d'unités de calcul par unité de temps.

    (ii) Pour la collecte des informations de charge, nous adoptons une politique périodique locale à chaque groupe. Chaque élément, selon sa période spécifique de collecte, envoie au gestionnaire du groupe auquel il appartient sa charge courante.

    (iii) Connaissant le nombre de ses éléments ainsi que leurs capacités respectives, chaque gestionnaire de groupe estime les capacités du groupe auquel il est associé en effectuant les actions suivantes :

3.3. Stratégie d'équilibrage de charge

- Estimation de la charge courante du groupe, sur la base des informations reçues périodiquement à partir de ses éléments.
- Calcul de l'écart type sur les charges de travail des éléments dans le but de mesurer l'étendue des variations de charge entre un groupe et ses éléments.
- Afin de prendre en considération l'hétérogénéité des nœuds, nous proposons comme indice de charge, le *temps d'exécution*. Pour cela, nous définissons le temps d'exécution TEX d'une entité (groupe ou élément) comme étant le rapport entre la charge (LOD) et la vitesse (SPD) de cette entité : $TEX = \frac{LOD}{SPD}$.
- Envoi de l'information de charge au gestionnaire du groupe associé.

2. **Prise de décision** : Cette étape met en œuvre la politique de participation qui permet de constater les cas de déséquilibre d'un élément ou d'un groupe en se basant sur son indice de charge actuel. Il s'agit de déterminer si un élément ou un groupe est dans un état approprié pour participer à un transfert de tâches comme source (surchargé) ou comme receveur (sous-chargé). Nous adoptons une stratégie basée sur des seuils définis sur les variations de charges constatées entre les différents éléments d'un groupe.

Nous considérons qu'un élément est capable de participer à un équilibrage de charge si son temps d'exécution diffère du temps d'exécution du groupe auquel il appartient, d'une valeur supérieure à un certain seuil calculé sur la base de l'écart type des temps d'exécution des éléments d'un groupe donné. Pour ce faire, le gestionnaire du groupe effectue une partition de l'ensemble des éléments du groupe en trois sous-ensembles : ensemble des éléments surchargés (sources), ensemble des éléments sous-chargés (receveurs) et ensemble des éléments équilibrés et donc non concernés par le transfert de tâches. Le gestionnaire du groupe décide de l'opportunité de déclencher un équilibrage de charge local en exécutant les actions suivantes :

- *Définition de l'état de charge d'un groupe* : Sachant que l'écart type σ mesure la variation moyenne entre le temps d'exécution des éléments et celui de leur groupe associé, nous pouvons dire qu'un groupe est en état d'équilibre lorsque cet écart est relativement faible par rapport à un seuil que nous allons définir plus tard. Cela signifie que le temps d'exécution de chaque élément converge vers le temps d'exécution de son groupe.

    (a) **État d'équilibre** : En pratique, il s'agit de définir un *seuil d'équilibre*, noté ε, à partir duquel nous pouvons dire que l'écart type σ tend vers zéro et donc le groupe est en état d'équilibre. Ainsi nous pouvons écrire :

    Si $(\sigma \leq \varepsilon)$ **Alors** Le groupe est équilibré **sinon** Le groupe est en état de déséquilibre.

    (b) **État de saturation** : Un groupe peut être déséquilibré tout en étant saturé. Dans ce cas précis, il n'est pas utile d'entamer un équilibrage local, puisque le groupe restera surchargé. Pour mesurer la saturation d'un groupe, nous définissons un autre seuil,

3.3. Stratégie d'équilibrage de charge

noté δ, que nous appellerons *seuil de saturation*. Lorsque la charge courante d'un groupe avoisine sa capacité maximale, il est évident qu'il ne sert à rien de l'équilibrer puisque tous ses éléments sont saturés.

– *Partitionnement du groupe* : Lorsqu'un groupe non saturé est déséquilibré, nous pouvons envisager le déclenchement d'une opération d'équilibrage de charge. Pour déterminer si un élément d'un groupe est dans un état approprié pour participer à un transfert de tâches comme *source* ou comme *receveur*, nous partitionnons le groupe en trois classes d'éléments : les éléments surchargés (sources), les éléments équilibrés (neutres) et les éléments sous-chargés (receveurs). Cette classification dépend de l'écart entre l'indice de charge de chaque élément et celui de son groupe.

3. **Transfert de tâches** : Cette étape met en œuvre les politiques de sélection de la localisation d'un site et de sélection d'un site candidat définies dans les sections 1.4.2 et 1.4.3 du chapitre 1. Il s'agit d'abord de trouver, pour un élément donné, un partenaire approprié (source-receveur), une fois que la politique de participation a décidé que cet élément est source ou receveur. La paire d'éléments source et receveur étant déterminée, il faut décider quelles tâches doivent migrer à partir de l'élément source vers l'élément receveur, pour effectuer une opération d'équilibrage de charge.

Cette décision de transfert doit tenir compte de l'état des différent éléments, du critère de sélection des tâches adopté et des coûts de communication en cas d'équilibrage intra-grille.

- L'état de charge des élément est déterminé par la politique de participation ;
- Pour la sélection des tâches à transférer, nous pouvons utiliser l'un des critères suivants :
- *Plus grand temps d'exécution* : Priorité à la tâche ayant le plus grand temps d'exécution ;
- *FIFO* : Transférer la tâche la plus âgée ;
- *LIFO* : Transférer la tâche la plus jeune ;
- *Aléatoire* : Choix aléatoire.
- Pour réaliser un transfert de tâches, nous proposons l'heuristique suivante :

    (a) Calculer la disponibilité, en terme de capacité de calcul, qui correspond à la charge totale offerte par les éléments receveurs.

    (b) Calculer la demande, i.e., la charge totale requise par l'ensemble des éléments sources.

    (c) Si l'offre n'est pas en mesure de satisfaire suffisamment la demande (écart trop grand), il n'est pas recommandé d'entamer un équilibrage local. Pour mesurer l'offre par rapport à la demande, nous définissons un seuil noté ρ, que nous appellerons *seuil d'espérance*. **Si** $(\frac{OFFRE}{DEMANDE} > \rho)$ **Alors** Équilibrage local **Sinon** Équilibrage au niveau supérieur.

    (d) Effectuer un transfert de charge en tenant compte des coûts de communication dans le cas particulier d'un équilibrage intra-grille.

3.4. Estimation de l'offre et de la demande

L'allocation de ressources aux tâches étant un problème *NP-complet* [76], nous proposons l'heuristique suivante :
Tant qu'il y a des éléments sources et receveurs faire :
- **a-** Trier l'ensemble des éléments sources du plus chargé vers le moins chargé ;
- **b-** Trier l'ensemble des éléments receveurs du moins chargé vers le plus chargé ;
- **c-** Transfert de tâches
  - **c1-** Cas d'équilibrage intra-cluster : Transférer la tâche répondant au critère de sélection du premier élément source vers le premier receveur ;
  - **c2-** Cas d'équilibrage intra-grille : Transférer la tâche répondant au critère de sélection et au plus petit coût de communication de l'élément source approprié vers le receveur correspondant.
- **d-** Mettre à jour les charges des éléments source et receveur ;
- **e-** Mettre à jour les ensembles des éléments sources, receveurs et équilibrés.

3.4 Estimation de l'offre et de la demande

Afin d'éviter le déclenchement d'une opération d'équilibrage de charge qui ne soit pas efficace, nous proposons de nous assurer d'abord que la charge totale offerte par les éléments sous-chargés est capable d'atténuer la demande requise par les éléments surchargés [81].
Étant donné que nous cherchons à équilibrer localement la charge d'un ensemble d'éléments (ou d'un groupe), il s'agit de faire converger le temps d'exécution TEX_e de chaque élément e vers le temps d'exécution TEX_G de son groupe correspondant G. Pour cela, nous définissons un intervalle de confiance basé sur l'écart type σ (mesure de l'étendue des variations de charge entre un groupe et ses éléments), soit : $[TEX_G - \sigma \; ; \; TEX_G + \sigma]$.
Ainsi, par rapport à cet intervalle, tout élément est considéré comme :
- Sous-chargé si son temps d'exécution est inférieur à $TEX_G - \sigma$;
- Surchargé si son temps d'exécution est supérieur à $TEX_G + \sigma$;
- Équilibré si son temps d'exécution appartient à $[TEX_G - \sigma \; , \; TEX_G + \sigma]$.

3.4.1 Calcul de l'offre et de la demande

Nous pouvons dire que l'offre d'un élément receveur E_r correspond à la charge X_r qu'il accepte de recevoir pour que son indice de charge, et donc son temps d'exécution TEX_r converge vers le temps d'exécution TEX_G du groupe auquel il appartient.
En réalité, il s'agit de faire converger $TEX_r \rightarrow TEX_G$, soit :

$$TEX_r = \frac{LOD_r + X_r}{SPD_r} \simeq \frac{LOD_G}{SPD_G}$$

$$X_r = \frac{LOD_G.SPD_r}{SPD_G} - LOD_r$$

Ainsi, nous pouvons estimer l'offre totale de l'ensemble GER des éléments receveurs par :

$$OFFRE = \sum_{E_r \in GER} \frac{LOD_G.SPD_r}{SPD_G} - LOD_r$$

Par un raisonnement analogue, nous pouvons déterminer la demande d'un élément source E_s, qui correspond à la charge Y_s qu'il souhaite faire migrer pour que $TEX_s \rightarrow TEX_G$.

$$TEX_s = \frac{LOD_s - Y_s}{SPD_s} \simeq \frac{LOD_G}{SPD_G}$$

$$Y_s = LOD_s - \frac{LOD_G.SPD_s}{SPD_G}$$

La demande totale de l'ensemble GES des éléments sources est définie par :

$$DEMANDE = \sum_{E_s \in GES} LOD_s - \frac{LOD_G.SPD_s}{SPD_G}$$

3.5 Modélisation UML

Dans cette section, nous définissons la structure de la stratégie proposée par trois types de diagrammes UML [78] :

(i) Diagramme de classes associé au modèle ;

(ii) Diagramme de séquences pour chaque niveau d'équilibrage ;

(iii) Diagramme d'activités associé à chaque niveau d'équilibrage.

3.5.1 Diagramme de classes associé au modèle proposé

Conformément à la structure du modèle proposé, le diagramme de classes UML, illustré par la figure 3.4, comporte six classes :

1. La classe *Cluster*, associée au clusters de la grille ;

2. La classe des nœuds de calcul, *Nœud*, reliée à la classe *Cluster* par une relation d'agrégation. En plus de ses fonctions de calcul, la classe *Nœud* assume le rôle de gestionnaire de cluster et de gestionnaire de grille ;

3. La classe gestionnaire de cluster, *Gest_cluster*, reliée à la classe nœud par un lien d'héritage ;

4. La classe gestionnaire de grille, *Gest_grille*, reliée à la classe nœud par un lien d'héritage ;

5. La classe des tâches, *Tâches*, représentant la file d'attente au niveau de chaque nœud ;

6. La classe utilisateurs, *utilisateurs*, qui correspond aux soumissions de tâches.

3.5. Modélisation UML   49

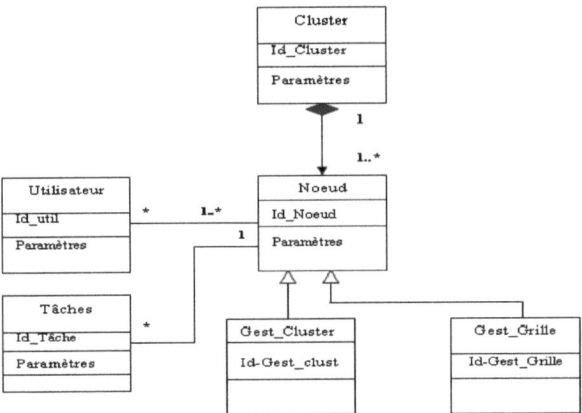

FIG. 3.4 – Diagramme de classes associé au modèle proposé

3.5.2 Diagrammes de séquences

Les diagrammes de séquences simulent les différentes étapes de la stratégie proposée à différents niveaux d'équilibrage. Notre stratégie considère que l'affectation initiale des tâches aux différents nœuds est effectuée par un ordonnanceur, indépendamment du système d'équilibrage que nous proposons. Les figures 3.5 et 3.6 illustrent les diagrammes de séquences relatifs aux deux niveaux d'équilibrage :

Équilibrage intra-cluster :

Selon sa période spécifique, chaque nœud évalue sa charge et l'envoie au gestionnaire de cluster. Une fois toutes les informations de charge reçues, le gestionnaire de cluster évalue périodiquement la charge globale du cluster et décide de l'opportunité de déclencher un équilibrage intra-cluster ou non. Ce dernier se traduit par un transfert de tâches locales au cluster.

Équilibrage intra-grille :

Dans le cas où une proportion (prédéfinie) de gestionnaires de clusters échouent dans leurs tentatives d'équilibrage local pour cause de saturation et/ou d'offre insuffisante, le gestionnaire de grille est sollicité pour déclencher un équilibrage intra-grille. En plus de la collecte des informations de charge sur les clusters, le gestionnaire de grille doit tenir compte des coûts de communication induits par le transfert éventuel de tâches.

3.5. Modélisation UML

FIG. 3.5 – Diagramme de séquences intra-cluster

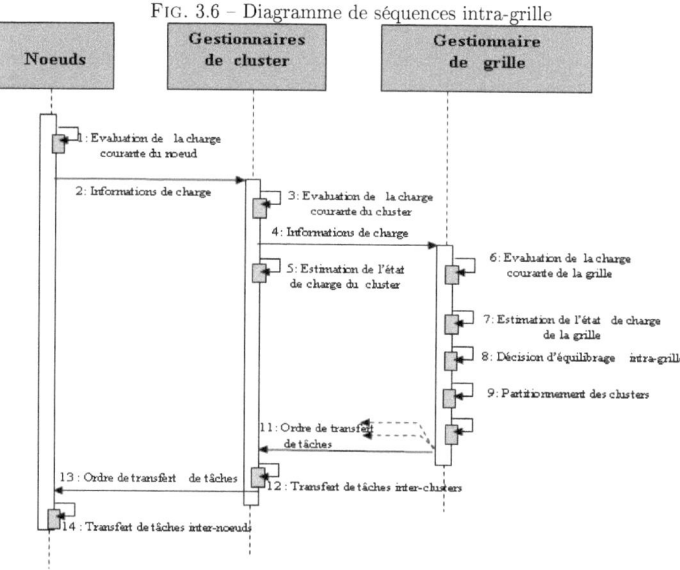

FIG. 3.6 – Diagramme de séquences intra-grille

3.5. Modélisation UML   51

3.5.3 Diagrammes d'activités

Les figures 3.7 et 3.8 présentent les diagrammes d'activités relatifs à notre stratégie pour les deux niveaux d'équilibrage. Ces diagrammes décrivent les états et les transitions possibles lors du déclenchement d'une opération d'équilibrage de charge.

Équilibrage intra-cluster

Dans le cas d'un déséquilibre avec opportunité d'équilibrage, le gestionnaire de cluster entame un partitionnement de l'ensemble de tous les nœuds du cluster en sous-ensembles de nœuds sous-chargés, nœuds surchargés et nœuds équilibrés. Quelques soient l'état du cluster et la décision d'équilibrage, le gestionnaire de cluster collecte les informations de charge sur chaque nœud, évalue l'état de charge du cluster et l'envoie au gestionnaire de grille.

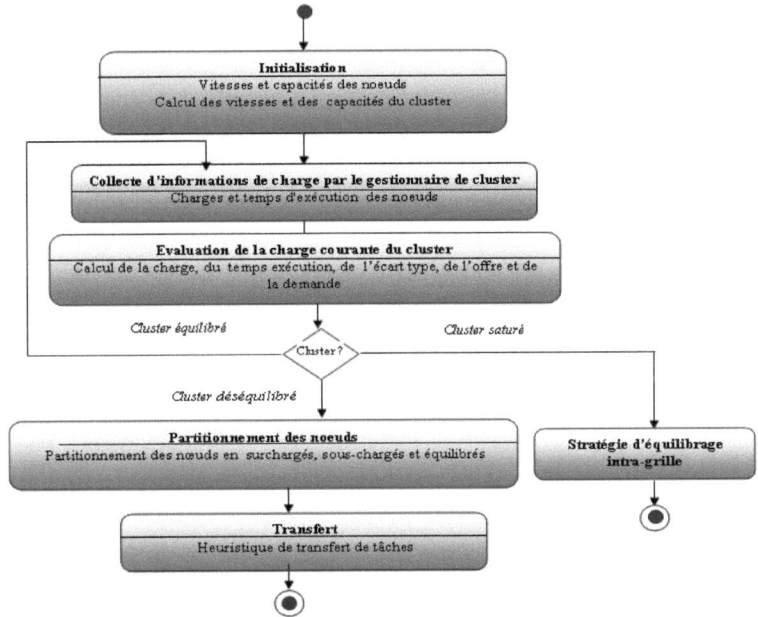

FIG. 3.7 – Diagramme d'activités intra-cluster

Équilibrage intra-grille

En cas de saturation ou d'offre insuffisante par rapport à la demande au niveau de certains clusters, le gestionnaire de grille collecte les informations de charge sur les clusters pour évaluer l'état de la grille. Le déséquilibre de la grille, avec opportunité d'équilibrage, déclenche le partitionnement des clusters en ensembles (sous-chargés, surchargés ou équilibrés). Ce partitionnement permettra de mettre en œuvre la politique de participation nécessaire à l'heuristique de transfert proposée pour réaliser un transfert de tâches effectif.

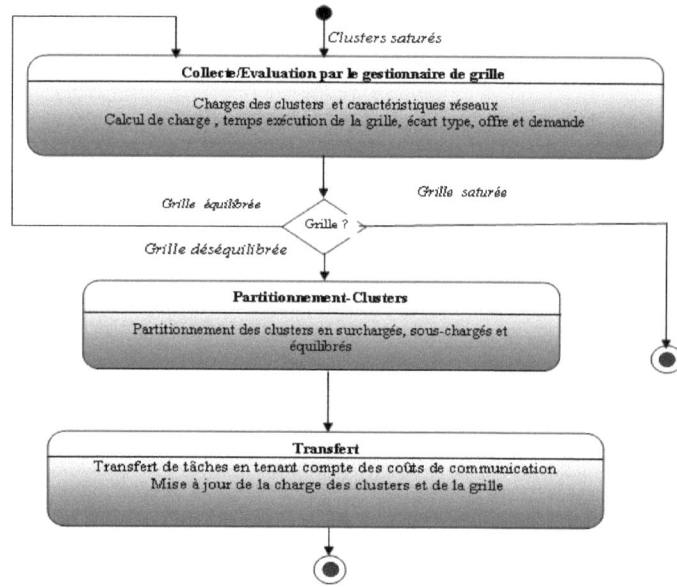

FIG. 3.8 – Diagramme d'activités intra-grille

3.6 Conclusion

Dans ce chapitre, nous avons proposé un modèle arborescent permettant de représenter, de manière univoque, une infrastructure de type grille de calcul. Le modèle proposé est totalement indépendant de toute topologie physique d'une grille de calcul. Partant de ce modèle, nous avons ensuite développé un stratégie d'équilibrage ayant comme principaux objectifs :

3.6. Conclusion

- La réduction du temps de réponse moyen des tâches soumises à une grille de calcul ;
- La réduction des coûts de communication lors d'un transfert de tâches.

La stratégie proposée privilégie, autant que possible, un équilibrage de charge local pour éviter le recours aux communications inter-clusters. C'est une stratégie distribuée avec prise de décision d'équilibrage sur la base d'informations locales de charge au niveau des nœuds. Compte tenu des surcoûts engendrés par l'exécution d'un système d'équilibrage de charge, notre stratégie n'entame un équilibrage que lorsqu'il est rentable (pas de saturation, offre suffisante pour absorber la demande). Cette prévention garantit un gain de performance sur l'objectif et évite d'alourdir la charge de la grille, surtout quand elle est en état de surcharge. Comparativement aux modèles d'équilibrage existants, notre modèle se caractérise par les éléments suivants :

- L'équilibrage se situe au niveau tâches ;
- Nous utilisons un modèle d'équilibrage hiérarchique et distribué, qui permet une prise de décision distribuée sur la base d'informations locales de charge ;
- Notre modèle considère que les coûts de communication sont un élément dominant dans une stratégie d'équilibrage. Ils sont donc pris en considération dans toute décision d'équilibrage.

Chapitre 4

Algorithme d'équilibrage intra-cluster

4.1 Introduction

Une fois le modèle et la stratégie d'équilibrage définis, la phase la plus importante réside dans leur mise en œuvre. Cette mise en œuvre permettra d'étudier le comportement de la stratégie proposée à travers une série d'expérimentations. Cette phase se compose de deux étapes :

1. L'étape d'implantation qui a pour objectif essentiel de tester la validité du modèle proposé ;

2. L'étape d'évaluation qui consiste à mesurer les performances de la stratégie en évaluant son comportement sur la base de la définition de plusieurs paramètres de performance.

De plus, cette phase de mise en œuvre de notre stratégie d'équilibrage nous permettra de la comparer à des méthodes similaires qui existent dans la littérature.

Pour assurer la reproductibilité des expériences, nous avons utilisé la technique de simulation. A cet effet, nous avons adopté deux approches de simulation afin de tester l'algorithme intra-cluster de notre stratégie d'équilibrage : (i) une approche basée sur les systèmes multi-agents [13, 56] dans laquelle nous avons développé notre propre simulateur en JAVA sur la plate-forme JADE [41] ; (ii) une deuxième approche qui utilise un simulateur Opensource, appelé *GridSim* [12], et qui est largement connu dans le domaine de l'ordonnancement de tâches dans les grilles.

4.2 Description de l'algorithme

4.2.1 Présentation

Cet algorithme constitue le noyau de notre stratégie d'équilibrage proposée dans cette thèse. L'approche de localité adoptée fait que c'est le niveau d'équilibrage qui sera le plus fréquemment sollicité. L'algorithme intra-cluster est déclenché lorsqu'un gestionnaire de cluster constate qu'il y a déséquilibre entre ses nœuds de traitement. Pour faire ce constat, le gestionnaire reçoit, de

4.2. Description de l'algorithme

manière périodique, les informations de charge à partir de chaque nœud de calcul qui est sous son contrôle. Sur la base de ces informations et du seuil d'équilibrage estimé ε, il analyse, de manière régulière, la charge du cluster. En fonction du résultat de cette analyse, soit il décide de déclencher un équilibrage local en cas de déséquilibre, soit il décide d'informer le gestionnaire de grille pour recourir à un équilibrage intra-grille. Il est important de signaler qu'à ce niveau d'équilibrage, les coûts de communication ne sont pas pris en compte dans le transfert de tâches, puisque les nœuds d'un même cluster sont interconnectés par un réseau LAN à haut débit.

4.2.2 Notations

La description de l'algorithme d'équilibrage intra-cluster utilisera les notations suivantes [79] :

1. **Définition des seuils**

   Il s'agit des seuils d'équilibre, de saturation et d'espérance définis dans la section 3.3.3 du chapitre 3 :
   - ε : Seuil d'équilibre ;
   - δ : Seuil de saturation ;
   - ρ : Seuil d'espérance.

2. **Paramètres associés aux nœuds**
   - N_{ij} : i^{eme} nœud du j^{eme} cluster C_j ;
   - SPD_{ij} : Vitesse du nœud N_{ij}, exprimée en nombre d'unités de calcul exécutées par unité de temps ;
   - SAT_{ij} : Capacité du nœud N_{ij} : c'est le nombre maximal d'unités de calcul que le nœud N_{ij} peut accepter dans sa file d'attente durant une unité de temps ;
   - PER_{ij} : Période spécifique au nœud N_{ij}, durant laquelle il évalue et envoie ses informations de charge à son gestionnaire de cluster ;
   - LOD_{ij} : Charge courante du nœud N_{ij}, exprimée en nombre d'unités de calcul en attente d'exécution dans sa file d'attente ;
   - TEX_{ij} : Temps d'exécution du nœud N_{ij}, défini par $TEX_{ij} = \frac{LOD_{ij}}{SPD_{ij}}$.

3. **Paramètres associés aux clusters**
   - C_j : j^{eme} cluster ;
   - NB_j : Nombre de nœuds dans le cluster C_j ;
   - PER_j : Période spécifique au cluster C_j pour estimer et envoyer sa charge ;
   - LB_j : Largeur de bande passante du réseau LAN interconnectant les nœuds du cluster C_j.

   A partir des informations associées aux nœuds, nous définissons, par agrégation, les paramètres suivants :

   (a) $SPD_j = \sum_{i=1}^{NB_j} SPD_{ij}$: Vitesse du cluster C_j ;

4.2. Description de l'algorithme

(b) $SAT_j = \sum_{i=1}^{NB_j} SAT_{ij}$: Capacité du cluster C_j ;

(c) $LOD_j = \sum_{i=1}^{NB_j} LOD_{ij}$: Charge actuelle du cluster C_j ;

(d) $TEX_j = \frac{LOD_j}{SPD_j}$: Temps d'exécution du cluster C_j ;

(e) $\sigma_j = \sqrt{\frac{1}{NB_j} \cdot \sum_{i=1}^{NB_j} (TEX_{ij} - TEX_j)^2}$: Écart type associé au cluster C_j.

4. **Paramètres associés aux tâches**

Pour chaque tâche T_i nous définissons les paramètres suivants :
- **Texe** : Temps d'exécution estimé de la tâche ;
- **Tarv** : Date de première soumission (date d'arrivée) ;
- **Tdeb** : Date de début d'exécution ;
- **Tcum** : Temps d'exécution cumulé ;
- **Twai** : Temps d'attente cumulé.

4.2.3 Algorithme intra-cluster : cas d'un cluster C_j

Début

Entrées : ε, δ et ρ : Seuils d'équilibre, de saturation et d'espérance.

Étape 1 : Estimation de la charge du cluster C_j

1. Collecte périodique des informations de charge sur chaque nœud N_{ij} de C_j :

Pour Chaque N_{ij} **ET** selon sa période spécifique PER_{ij} **faire**

| Envoi de sa charge actuelle LOD_{ij} à son gestionnaire de cluster associé

Fin Pour

2. Selon la période PER_j du cluster C_j, le gestionnaire de C_j effectue les opérations suivantes :

    a- Estimer la vitesse SPD_j et la capacité SAT_j du cluster C_j ;

    b- Calculer la charge courante LOD_j et le temps d'exécution TEX_j de C_j ;

    c- Calculer l'écart type σ_j sur les temps d'exécution des nœuds de C_j ;

    d- Envoyer l'information de charge de C_j au gestionnaire de grille.

4.2. Description de l'algorithme

Étape 2 : Prise de décision

3. Test d'équilibre :

Si $(\sigma_j \leq \varepsilon)$ **Alors**

   | Le cluster C_j est en état d'équilibre ; Retour.

Fin Si

4. Partitionnement des nœuds de C_j en surchargés (GES), sous-chargés (GER) et équilibrés (GEN) :

GES $\leftarrow \emptyset$; GER $\leftarrow \emptyset$; GEN $\leftarrow \emptyset$

Pour Chaque nœud N_{ij} de C_j **faire**

   Si (N_{ij} est Saturé) **Alors**

      | GES $\leftarrow$ GES $\cup \{N_{ij}\}$ /* Saturation $\Rightarrow$ Surchargé */

   Sinon

      Selon que

         | $TEX_{ij} > TEX_j + \sigma_j$: GES $\leftarrow$ GES $\cup \{N_{ij}\}$ /* Source */

         | $TEX_{ij} < TEX_j - \sigma_j$: GER $\leftarrow$ GER $\cup \{N_{ij}\}$ /* Receveur */

         | $TEX_j - \sigma_j \leq TEX_{ij} \leq TEX_j + \sigma_j$: GEN $\leftarrow$ GEN $\cup \{N_{ij}\}$ /* Neutre */

      Fin Selon que

   Fin Si

Fin Pour

5. Test de saturation :

Si $(\frac{LOD_j}{SAT_j} > \delta)$ **Alors**

   | Le cluster C_j est saturé ;

   | Effectuer un équilibrage intra-grille.

Fin Si

Étape 3 : Transfert de tâches

6. Test de l'offre par rapport à la demande :

$$OFFRE = \sum_{N_{ij} \in GER} \frac{LOD_j.SPD_{ij}}{SPD_j} - LOD_{ij}$$

$$DEMANDE = \sum_{N_{ij} \in GES} LOD_{ij} - \frac{LOD_j.SPD_{ij}}{SPD_j}$$

Si $(\frac{OFFRE}{DEMANDE} \leq \rho)$ **Alors**

   | Échec d'équilibrage local ;

   | Effectuer un équilibrage intra-grille.

Fin Si

> **7. Heuristique 1 :** *Transfert de tâches au niveau intra-cluster*
>
> **a-** Trier les nœuds de l'ensemble GES par ordre décroissant de leur temps d'exécution ;
> **b-** Trier les nœuds de l'ensemble GER par ordre croissant de leur temps d'exécution ;
> **c- Tant que** $(GES \neq \emptyset$ **ET** $GER \neq \emptyset)$ **faire**
>   (i) Trier les tâches du premier nœud de GES selon le critère de sélection ;
>   (ii) Calculer la charge offerte $(offre_r)$ par le premier nœud receveur N_{rj} de GER ;
>   (iii) Calculer la charge requise $(demande_s)$ par le premier nœud source N_{sj} de GES ;
>   (iv) **Si** $(offre_r > demande_s)$ **Alors**
>   Transférer les tâches, dont la somme des charges est équivalente à la demande $demande_s$, du nœud N_{sj} vers le nœud N_{rj}
>   **Sinon**
>   Transférer les tâches, dont la somme des charges est équivalente à l'offre $offre_r$, du nœud N_{sj} vers le nœud N_{rj}
>   **Fin Si**
>   (v) Mettre à jour les charges actuelles des nœuds N_{sj} et N_{rj} ;
>   (vi) Mettre à jour les ensembles GES, GER et GEN.
> **Fait**
> **8. Si** $(GES = \emptyset)$ **Alors**
>   Équilibrage local réussi.
> **Sinon**
>   Échec d'équilibrage local ;
>   Recours à un équilibrage intra-grille.
> **Fin Si**
> **Fin de l'algorithme.**

4.3 Implémentation à base de systèmes multi-agents

Dans le cadre de nos expérimentations, nous avons développé, dans un premier temps, un simulateur en JAVA à base de systèmes multi-agents en utilisant la plate-forme JADE [41]sous l'environnement JBuilder. Le choix d'une telle approche est motivé essentiellement par le fait que les architectures multi-agents suscitent un intérêt grandissant en tant qu'outil facilitant la conception, le développement et le déploiement d'applications réparties [56]. L'objectif est de développer un système d'équilibrage basé sur des agents qui soient coopératifs, de telle sorte que chaque agent évolue d'une manière autonome, et coopère avec les autres agents pour la mise en œuvre de la stratégie d'équilibrage proposée dans cette thèse. Ce simulateur nécessite de définir une grille à travers ses spécifications techniques. Pour cela, nous défini un fichier de configuration d'une grille dont les principaux composants sont :

4.3. Implémentation à base de systèmes multi-agents

1. *Au niveau des nœuds de calcul* :
   - Fixer le nombre de nœuds composant le cluster ;
   - Générer, de manière aléatoire, les différentes caractéristiques de ces nœuds (vitesses, capacités, etc.) ;
   - Fixer les différents seuils d'équilibre, les périodes d'envoi des informations de charge, etc.

2. *Au niveau des tâches* :
   - Générer un ensemble de tâches avec leurs caractéristiques : période de soumission, nombre de tâches à soumettre, date de soumission, temps estimé d'exécution, etc.
   - Affecter les tâches aux différents nœuds.

3. *Au niveau du réseau* : Fixer la largeur de bande passante du réseau LAN.

Du point de vue agents, nous avons associé un agent à chaque niveau du modèle $1/N$, ce qui nous a permis d'avoir les agents suivants :

- *MainAgent* : Cet agent a pour rôle d'initialiser tous les autres agents en leur distribuant aléatoirement (selon une loi uniforme) les tâches de calcul ;
- *AgentIntra* : Associé à un cluster, cet agent a pour rôle de :
   1. Collecter les informations de charge sur les nœuds à partir des agents *AgentNœud* qui leurs sont associés et prendre une décision d'équilibrage intra-cluster si nécessaire ;
   2. Informer périodiquement son agent gestionnaire associé à la grille, appelé *AgentGrille*, sur sa charge actuelle ;
   3. Participer à un équilibrage intra-grille comme receveur ou comme source.
- *AgentNœud* : Cet agent a trois comportements :
   1. Un comportement périodique qui consiste à calculer sa charge locale et à l'envoyer vers l'agent *AgentIntra* ;
   2. Un second comportement qui se déclenche à chaque fois qu'il reçoit un message provenant de l'agent *AgentIntra*, pour lui demander de participer à une opération d'équilibrage ;
   3. Un troisième comportement qui se déclenche lorsqu'il reçoit un message contenant des tâches soumises par l'agent *MainAgent* ou par un autre agent *AgentNœud* qui se trouve dans un état surchargé.

4.3.1 Résultats expérimentaux

Pour expérimenter la stratégie d'équilibrage proposée dans cette thèse, nous avons utilisé une plate-forme physique composée d'un PC Pentium IV de 3GHz, doté d'une mémoire de 1Go et fonctionnant sous Windows-XP.

4.3. Implémentation à base de systèmes multi-agents

Compte tenu que nos algorithmes évoluent dans un système où il peut y avoir d'autres processus qui s'exécutent en concurrence et qui peuvent donc avoir une influence sur les résultats obtenus, nous avons pris la moyenne des résultats des expérimentations en réitérant les mêmes expériences plus de dix (10) fois. Pour les besoins de nos expériences, nous avons adopté les hypothèses suivantes [80] :

1. Génération des caractéristiques variables pour chaque nœud :
   - Vitesses comprises entre 500 et 3000 unités de calcul par seconde ;
   - Capacités variant entre 5000 et 30000 unités de calcul.

2. Distribution d'un nombre variable de tâches d'une manière périodique et aléatoire selon une loi uniforme ;

3. Génération du temps d'exécution estimé pour chaque tâche selon une loi uniforme dont les bornes sont comprises entre 300 et 1500 unités de calcul ;

4. Comme critère de sélection, nous avons opté pour la politique qui consiste à donner la priorité de transfert à la tâche la plus âgée ($FIFO$), à condition que ce transfert contribue à améliorer son temps de réponse ;

5. Enfin, nous avons adopté comme indice de charge le *temps d'exécution* défini dans la section 3.3.3 du chapitre 3.

Les valeurs attribuées aux seuils ont été estimées sur la base d'un historique réalisé après plusieurs expériences. Nous avons constaté que les meilleurs résultats sont obtenus pour un seuil de saturation $\delta = 0.8$ et un seuil d'espérance $\rho = 0.75$. Le seuil d'équilibre ε a été fixé à 0.5, bien que nous avons constaté que ce seuil dépend de la répartition initiale des tâches et de l'ordre de grandeur de leurs temps d'exécution.

Les expérimentations que nous avons réalisées se basent sur la variation de deux paramètres de performance, à savoir le nombre de nœuds et le nombre de tâches.

En ce qui concerne les mesures de performance, nous nous sommes intéressés aux métriques suivantes qui sont relatives à un ensemble de tâches soumises durant une période déterminée : (i) *Temps d'attente moyen* ; (ii) *Temps d'exécution moyen* ; et, (iii) *Temps de réponse moyen*. Afin d'évaluer les performances de l'algorithme d'équilibrage intra-cluster proposé, ces métriques ont été calculées à deux instants : avant et après équilibrage, que nous avons notés, respectivement, par $\_AV$ et $\_AP$.

Expérience 1 : *Nombre de nœuds fixe et nombre de tâches variable*

Pour cette expérience, nous avons fixé le nombre de nœuds à cinq valeurs prises entre 20 et 100 par pas de 20 et pour chaque valeur, nous avons fait varier le nombre de tâches de 5000 à 20000 par pas de 5000. Ceci nous a permis d'obtenir les résultats suivants :

4.3. Implémentation à base de systèmes multi-agents   61

- **Temps d'attente moyen (TAM)** : Nous avons constaté que le temps d'attente moyen augmente de façon proportionnelle avec le nombre de tâches pour une distribution sans équilibrage, alors que notre stratégie le diminue sensiblement et surtout le stabilise par rapport à l'augmentation du nombre de tâches. La figure 4.1 illustre ce résultat pour un cluster composé de 100 nœuds.

- **Temps d'exécution moyen (TEM)** : Bien que l'approche multi-agents soit réputée consommatrice en temps CPU, nous avons constaté que le temps d'exécution moyen augmente légèrement après une opération d'équilibrage. Ceci est un résultat qui nous semble encourageant, car il signifie que le coût de mise en œuvre de notre stratégie d'équilibrage n'a pas influé négativement sur les temps d'exécutions moyens des tâches. Les deux courbes de la figure 4.2 schématisent le comportement du temps d'exécution avant et après équilibrage pour un cluster de 100 nœuds.

FIG. 4.1 – Variation du temps d'attente moyen en fonction du nombre de tâches

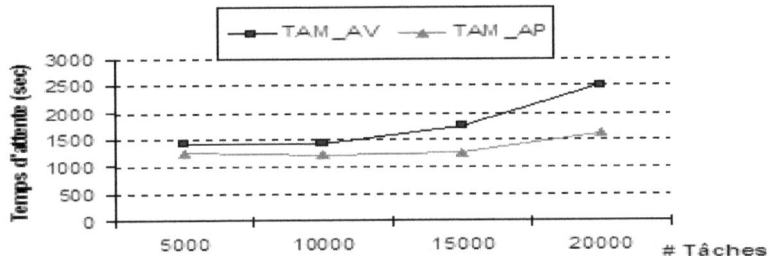

FIG. 4.2 – Variation du temps d'exécution moyen en fonction du nombre de tâches

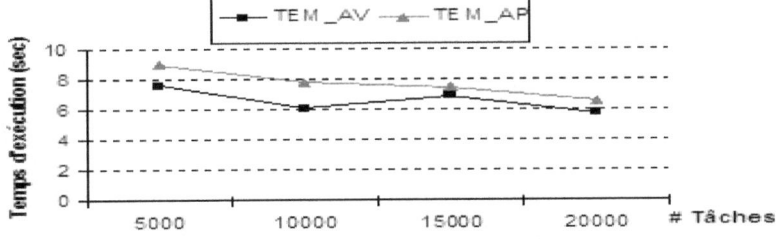

- **Temps de réponse moyen (TRM)** : Le tableau 4.1 montre que la stratégie d'équilibrage proposée a permis de réduire de manière très nette le temps de réponse moyen des tâches (exprimé en secondes). Nous avons remarqué également que, pour un nombre de nœuds fixé, plus le nombre de tâches augmente plus nous obtenons une amélioration perceptible du temps de réponse. Ce résultat nous fournit un très bon indice sur le comportement de notre stratégie pour un nombre important de tâches, tant que l'état de saturation n'est pas atteint [82]. Pour 80 et 100 nœuds, et avec 15000 et 20000 tâches, il y a un changement sensible du temps de réponse moyen après équilibrage. Ceci confirme le bon comportement de la stratégie pour un grand nombre de tâches.

TAB. 4.1 – Gains réalisés sur le temps de réponse moyen (exprimé en secondes)

# Tâches	# Nœuds	20	40	60	80	100
5000	Avant	984.74	1447.95	1298.57	1311.63	1431.00
	Après	836.40	1070.18	1006.83	1128.63	1262.65
	Gain	**15.06%**	**26.09%**	**22.47%**	**13.95%**	**11.76%**
10000	Avant	1927.54	1287.23	1208.05	1377.11	1427.74
	Après	1449.56	1033.11	1013.28	1052.73	1205.65
	Gain	**24.80%**	**19.74%**	**16.12%**	**23.55%**	**15.56%**
15000	Avant	1381.10	1500.91	1714.94	1923.60	1763.16
	Après	1191.55	1331.49	1440.39	1072.58	1257.76
	Gain	**13.72%**	**11.29%**	**16.01%**	**44.24%**	**28.66%**
20000	Avant	1567.08	1757.55	1546.40	2491.22	2517.18
	Après	1234.53	1230.86	1289.23	1142.50	1607.32
	Gain	**21.22%**	**29.97%**	**16.63%**	**54.14%**	**36.15%**

Remarque :

Bien qu'il est normal que le temps de réponse augmente avec le nombre de tâches, nous avons remarqué que dans certains cas, avant équilibrage, il diminue (exemple pour 20 nœuds entre 10000 et 15000 tâches). Ces cas singuliers, dûs à la distribution initiale, peuvent s'expliquer par le fait qu'il y a eu un bon ordonnancement.

4.3. Implémentation à base de systèmes multi-agents 63

Expérience 2 : *Nombre de tâches fixe et nombre de nœuds variable*

Pour cet ensemble d'expériences, nous avons fixé le nombre de tâches à des valeurs comprises entre 5000 et 20000 par pas de 5000 et nous avons fait varier, à chaque fois, le nombre de nœuds entre 20 et 100 par pas de 20.

- ***Temps d'attente moyen*** : Nous avons remarqué que l'algorithme d'équilibrage intra-cluster proposé a permis de réduire, de manière assez significative, le temps d'attente moyen des tâches [82]. Notre stratégie a pu augmenter l'utilisation des ressources disponibles tout en réduisant la sensibilité de ce paramètre aux variations du nombre de nœuds. La figure 4.3 illustre ce résultat avant et après équilibrage pour un nombre de tâches fixé à 20000.

FIG. 4.3 – Variation du temps d'attente moyen en fonction du nombre de nœuds

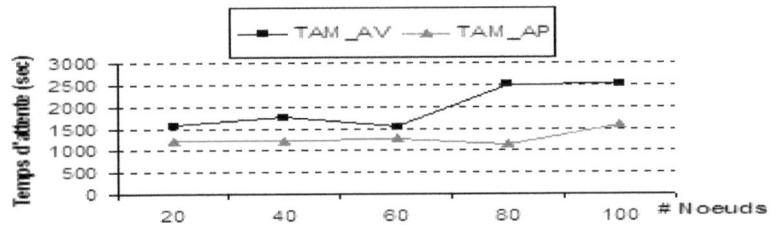

- ***Temps d'exécution moyen*** : La figure 4.4 illustre les temps d'exécution obtenus pour un nombre de tâches fixé à 20000.

FIG. 4.4 – Variation du temps d'exécution moyen en fonction du nombre de nœuds

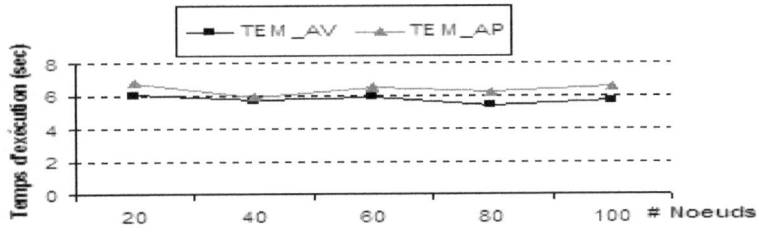

Les variations de ce paramètre entre les deux situations (avant et après équilibrage) ne sont pas significatives. Nous pouvons en conclure que le temps d'exécution de notre algorithme n'a pas eu d'incidences négatives sur le temps d'exécution moyen des tâches.

- **Temps de réponse moyen** : Le tableau 4.1 met en évidence les gains réalisés par notre stratégie sur le temps de réponse moyen. A la lecture de ce tableau, nous pouvons noter que nous avons obtenu des gains variants entre **11.76%** et **54.14%**. Les meilleurs résultats ont été obtenus pour un nombre de nœuds égal à 80 et un nombre de tâches supérieur à 10000. Nous pensons que ce cas représente un état stable du cluster (ni saturé, ni sous-chargé).

4.4 Implémentation sous *GridSim*

Pour étudier le comportement de notre stratégie d'équilibrage dans un environnement plus réaliste, nous l'avons intégré dans le simulateur *GridSim* développé par Buyya [12]. *GridSim* est un simulateur modulaire destiné à l'ordonnancement de tâches dans une grille, que nous avons adapté pour supporter la redistribution de tâches. Cette intégration nous a permis d'évaluer les performances de notre stratégie d'équilibrage en l'adaptant à des environnements de grilles existants [78, 81].

Dans le simulateur *GridSim*, chaque tâche peut être créée avec des paramètres définis dans l'objet *Gridlet*. Une *Gridlet* est un paquetage contenant toutes les informations relatives aux ressources, aux tâches et à leur gestion. Parmi ces informations, nous pouvons citer :

1. *Paramètres associés aux ressources* : Ces paramètres donnent des informations sur les nœuds de calcul et sur les réseaux de communication.
    (a) Vitesse exprimée en MIPS (Million d'instructions par seconde) ;
    (b) Capacité exprimée en MI (Million d'instructions) ;
    (c) Bande passante exprimée en MIPS.

2. *Paramètres associés aux tâches* : Les données associées à chaque tâche sont :
    (a) Taille exprimée en MI (Million d'instructions) ;
    (b) Temps d'exécution cumulé ;
    (c) Temps d'attente cumulé ;
    (d) Date d'arrivée ;
    (e) Date début d'exécution.

4.4. Implémentation sous GridSim

4.4.1 Résultats expérimentaux

Les expérimentations, relatives à cette deuxième approche de simulation qui utilise le simulateur *GridSim*, ont été réalisées dans les mêmes conditions matérielles que pour la première approche. Pour les paramètres expérimentaux, nous nous sommes basés sur les hypothèses suivantes :

1. Génération de vitesses d'exécution variables, pour chaque nœud, entre 5 et 30 MIPS et des capacités variant entre 50 et 300 MI ;
2. Distribution d'un nombre variable de tâches selon un modèle défini par *GridSim* [12] ;
3. Génération d'un temps d'exécution estimé pour chaque tâche, compris entre 1000 et 200000 MI ;
4. Comme critère de sélection, nous avons gardé le même que celui des expériences précédentes ;
5. Les valeurs des seuils d'espérance et de saturation ont été maintenues, tandis que le seuil d'équilibre ε a été fixé à 0.9.

Nous avons réalisé les mêmes types d'expérimentations en nous basant sur les mêmes variations du nombre de nœuds d'une part, et celles du nombre de tâches d'autre part. Les résultats de ces différentes expériences peuvent se synthétiser comme suit [82] :

Expérience 3 : *Nombre de nœuds fixe et nombre de tâches variable*

– **Temps d'attente moyen** : Les résultats obtenus avec cette expérience confirment clairement ceux obtenus avec l'approche multi-agents. Nous améliorons, de manière significative, le temps d'attente mais, de plus, il reste stabilisé par rapport à l'augmentation du nombre de tâches. La figure 4.5 illustre ce résultat pour un nombre de nœuds fixé à 100.

FIG. 4.5 – Variation du temps d'attente moyen en fonction du nombre de tâches

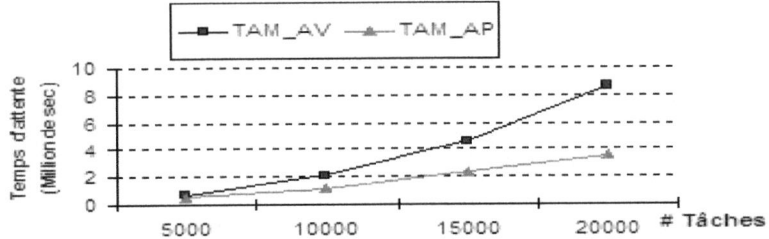

4.4. Implémentation sous GridSim

- **Temps d'exécution moyen** : Comparativement aux résultats obtenus par l'approche multi-agents, le simulateur *GridSim* permet d'améliorer le temps d'exécution moyen. Ce gain augmente avec le nombre de tâches tant que le cluster n'est pas en état de saturation. La figure 4.6 illustre un tel comportement avant et après équilibrage pour un cluster de 100 nœuds.

FIG. 4.6 – Variation du temps d'exécution moyen en fonction du nombre de tâches

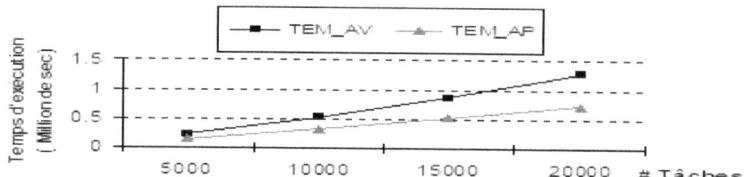

- **Temps de réponse moyen** : Telle qu'illustrée par la figure 4.7 pour 100 nœuds, la réduction du temps de réponse moyen des tâches est encore plus nette, dans cette deuxième série d'expérimentations. Ce gain est réalisé sur les temps d'attente et temps d'exécution, contrairement à l'expérience avec les multi-gents dans laquelle les gains n'ont été obtenus que sur les temps d'attente.

FIG. 4.7 – Variation du temps de réponse moyen en fonction du nombre de tâches

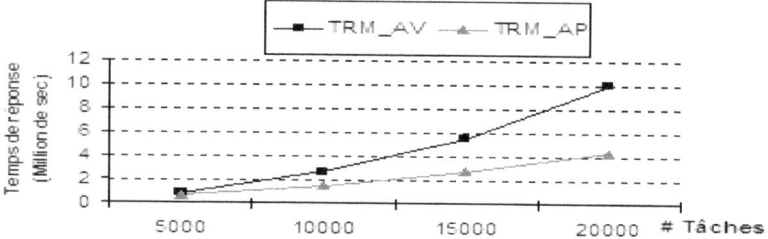

4.4. Implémentation sous GridSim

Expérience 4 : *Nombre de tâches fixe et nombre de nœuds variable*

- **Temps d'attente moyen** : Le tableau 4.2 illustre les gains obtenus sur le temps d'attente moyen avant et après équilibrage. Les résultats que nous avons obtenus réconfortent les interprétations que nous avons avancées sur ce paramètre de performance.

TAB. 4.2 – Gains réalisés sur le temps d'attente moyen (Millions de sec)

# Tâches	# Nœuds	20	40	60	80	100
5000	Avant	84.00	11.51	3.75	1.36	0.65
	Après	58.32	6.83	1.90	0.58	0.47
	Gain	**30.57%**	**40.60%**	**49.48%**	**57.24%**	**27.60%**
10000	Avant	229.13	33.22	11.28	4.23	2.08
	Après	160.72	20.60	5.51	1.88	1.19
	Gain	**29.86%**	**37.97%**	**51.09%**	**55.50%**	**42.76%**
15000	Avant	449.90	68.22	23.68	9.23	4.63
	Après	323.08	44.04	11.58	4.03	2.27
	Gain	**28.19%**	**35.45%**	**51.09%**	**56.32%**	**50.83%**
20000	Avant	760.82	119.66	42.44	17.02	8.67
	Après	551.59	80.19	22.69	7.93	3.55
	Gain	**27.50%**	**32.98%**	**46.54%**	**53.42%**	**59.06%**

- **Temps d'exécution moyen** : En plus du gain réalisé sur le temps d'attente moyen, la validation de notre stratégie sous l'environnement *GridSim*, nous a permis d'améliorer concrètement le temps d'exécution moyen des tâches. L'effet de cette amélioration est que nous avons réalisé des gains très significatifs par rapport aux expérimentations précédentes [82]. Le tableau 4.3 résume les gains obtenus sur le temps d'exécution moyen.

TAB. 4.3 – Gains réalisés sur le temps d'exécution moyen (Millions de sec)

# Tâches	# Nœuds	20	40	60	80	100
5000	Avant	1.29	0.57	0.39	0.28	0.23
	Après	0.93	0.38	0.24	0.16	0.15
	Gain	**28.10%**	**32.75%**	**39.40%**	**42.91%**	**33.85%**
10000	Avant	2.94	1.29	0.89	0.64	0.52
	Après	2.25	1.01	0.54	0.53	0.32
	Gain	**23.52%**	**21.76%**	**39.69%**	**18.14%**	**37.64%**
15000	Avant	4.96	2.17	1.49	1.09	0.87
	Après	3.65	1.53	0.91	0.62	0.51
	Gain	**26.34%**	**29.74%**	**39.30%**	**42.59%**	**41.09%**
20000	Avant	7.34	3.22	2.21	1.61	1.29
	Après	5.43	2.31	1.38	0.95	0.73
	Gain	**26.00%**	**28.27%**	**37.41%**	**40.66%**	**43.48%**

– **Temps de réponse moyen** : Le tableau 4.4 montre la variation du temps de réponse moyen (en Million de secondes) avant et après l'exécution de l'algorithme d'équilibrage intra-cluster.

TAB. 4.4 – Gains réalisés sur le temps de réponse moyen (Million de sec)

# Tâches	# Nœuds	20	40	60	80	100
5000	Avant	85.29	12.07	4.14	1.65	0.88
	Après	59.25	7.21	2.13	0.74	0.62
	Gain	**30.53%**	**40.23%**	**48.53%**	**54.78%**	**29.21%**
10000	Avant	232.07	34.51	12.16	4.88	2.60
	Après	162.97	21.61	6.05	2.41	1.51
	Gain	**29.78%**	**37.37%**	**50.26%**	**50.57%**	**41.74%**
15000	Avant	454.86	70.39	25.18	10.31	5.50
	Après	326.73	45.56	12.49	4.65	2.79
	Gain	**28.17%**	**35.27%**	**50.39%**	**54.88%**	**49.29%**
20000	Avant	768.16	122.87	44.65	18.63	9.96
	Après	557.02	82.50	24.07	8.88	4.28
	Gain	**27.49%**	**32.86%**	**46.09%**	**52.32%**	**57.05%**

4.5. Conclusion

Sur la base de ces résultats, nous pouvons relever ce qui suit [82] :
1. Nous avons réalisé un gain sur le temps de réponse compris entre **27.49%** et **57.05%**. Ce gain nous semble très intéressant en l'état actuel de notre stratégie ;
2. En moyenne, un résultat sur deux avoisine ou dépasse les 50% de gain sur le temps de réponse ;
3. Les meilleurs résultats ont été obtenus pour un nombre de nœuds supérieur à 60 et un nombre de tâches supérieur à 10000 ; ceci corrobore les résultats obtenus avec l'approche multi-agents ;
4. De mauvais résultats ont été obtenus pour un nombre de tâches assez faible par rapport au nombre de nœuds (état trop sous-chargé) ou pour un nombre de tâches très élevé (état saturé).

4.5 Conclusion

Pour tester le comportement de l'algorithme d'équilibrage intra-cluster proposé dans ce chapitre, nous avons mis en place deux approches de simulation :
1. Une approche basée sur les systèmes multi-agents qui nous a permis de développer notre propre simulateur de validation de la stratégie d'équilibrage. Les premiers résultats obtenus avec cette approche nous semblent assez encourageants, dans la mesure où ils donnent de bons indices sur le comportement de la stratégie proposée. Nous arrivons à améliorer sensiblement les paramètres de performance que nous avons défini, notamment le temps de réponse moyen et le temps d'attente moyen des tâches. Cependant, l'exécution de l'algorithme par l'approche multi-agents est très gourmande en temps CPU, ce qui a eu quelques effets négatifs sur les temps d'exécution moyen des tâches ;
2. Pour pallier à cet inconvénient et afin de tester l'algorithme dans un environnement plus réaliste, nous avons intégré l'algorithme d'équilibrage intra-cluster dans un simulateur de grilles, à savoir le simulateur *GridSim*. Les résultats obtenus avec cette deuxième approche sont non seulement meilleurs que ceux obtenus avec la première approche, mais ils sont en plus très prometteurs. En effet, nous avons pu relever que le temps de réponse moyen s'est amélioré de manière sensible avec un temps d'exécution CPU assez faible. Ceci ouvre la voie à d'autres expérimentations notamment avec d'autres simulateurs de grilles.

Chapitre 5

Algorithme d'équilibrage intra-grille

5.1 Introduction

Les expérimentations effectuées sur l'algorithme d'équilibrage intra-cluster en utilisant le simulateur *GridSim* ont fourni des résultats nettement meilleurs que ceux obtenus avec l'approche basée sur les systèmes multi-agents. Sachant que l'algorithmique d'équilibrage intra-grille est une couche de niveau supérieur à celle qui utilise de l'équilibrage intra-cluster, nous avons choisi d'utiliser le simulateur *GridSim* comme plate-forme d'expérimentation de l'algorithmique associée à un équilibrage intra-grille. Cette algorithmique utilise une approche *source-initiative* dans la mesure où ce sont les gestionnaires de clusters qui utilisent cette algorithmique lorsqu'ils n'arrivent pas à équilibrer, de manière locale, la charge de leurs clusters associés. Dans notre stratégie globale d'équilibrage, nous avons recours à un équilibrage intra-grille uniquement dans le cas extrême où la majorité des gestionnaires de clusters n'arrivent pas à équilibrer localement leur charge pour cause de saturation ou d'offres insuffisantes. Dans ce cas, le gestionnaire de grille tente d'équilibrer la charge globale à travers tous les clusters qu'il gère. Contrairement à l'algorithme intra-cluster, l'équilibrage intra-grille devra tenir compte des coûts de communication, étant donné qu'il y aura déplacement de tâches entre clusters car les réseaux de communications sont très hétérogènes. Le recours à ce type d'équilibrage ne sera effectif que si les coûts de communication, associés aux différentes tâches à transférer, seront réellement intéressants. Durant le transfert de tâches, nous choisirons comme cluster récepteur, celui qui nécessite le plus petit coût de transfert et qui améliore le temps de réponse. Ainsi, le critère de sélection sera pondéré par le coût de transfert de tâches. Ceci permet d'assurer qu'une tâche ne peut être transférée que lorsque son temps de réponse, estimé dans le cluster récepteur, auquel nous rajoutons le temps de transfert à partir du cluster source, est meilleur que son temps de réponse dans le cluster source. En d'autres termes, il serait plus judicieux de laisser un ensemble de tâches attendre la libération de ressources que de les transférer vers d'autres clusters sans un gain de temps substantiel.

5.2 Description de l'algorithme

5.2.1 Notations

En plus des notations décrites dans le chapitre 4, la description de l'algorithme d'équilibrage intra-grille utilisera les notations spécifiques suivantes [79] :

1. **Paramètres associés à la grille**
   - N : Nombre de clusters d'une grille ;
   - PER : Période spécifique au gestionnaire de grille pour estimer la charge de la grille ;
   - LB : Largeurs de bandes inter-clusters.

   Par agrégation de tous les clusters C_k, nous obtenons les paramètres suivants :
   (a) $SPD = \sum_{k=1}^{N} SPD_k$: Vitesse de la grille ;
   (b) $SAT = \sum_{k=1}^{N} SAT_k$: Capacité de la grille ;
   (c) $LOD = \sum_{k=1}^{N} LOD_k$: Charge globale de la grille ;
   (d) $TEX = \frac{LOD}{SPD}$: Temps d'exécution de la grille ;
   (e) $\sigma = \sqrt{\frac{1}{N} \cdot \sum_{i=1}^{N} (TEX_k - TEX)^2}$: Écart type associé à la grille.

5.2.2 Estimation du coût de communication

Pour le calcul du temps de transfert d'une tâche, nous utilisons le modèle de coût proposé par Slimani et al. [68]. Ce modèle permet de calculer le coût de communication induit par le transfert d'une quantité X de données entre deux nœuds quelconques d'une grille de type Beowulf [68]. Ce coût dépend de l'emplacement des nœuds les uns par rapport aux autres. Le coût de transfert d'une quantité de données X d'un nœud i vers un nœud j est défini par l'équation suivante : $C_{ij}(X) = \alpha_{ij} X + \beta_i$, où α_{ij} représente le coût de communication nécessaire au transfert d'une unité de donnée du nœud i vers le nœud j et β_i désigne le startup. La majorité des modèles de coûts existants supposent que le coût de communication d'une unité de donnée entre chaque paire de nœuds i et j, dans un système distribué, est constant, i.e $C_{ij} = C_{ji} = C_i$. Cette hypothèse est évidemment irréaliste pour les grilles de calcul où les coûts de communications changent dynamiquement, car ils dépendent des charges courantes des réseaux d'interconnection. Le modèle de coût proposé dans [68] tient compte précisément de la caractéristique d'hétérogénéité qui est fortement présente dans une grille et de l'emplacement des nœuds source et receveur. Relativement à la topologie de grille que nous avons présentée dans le chapitre 3, ce modèle distingue deux cas :

1. *Communication intra-cluster* : Dans ce cas, le transfert a lieu entre deux nœuds appartenant à un même cluster. Pour une meilleure lisibilité, nous omettons, dans la notation, les indices relatifs au clusters pour ne garder que ceux concernant les nœuds. Ainsi, si nous considérons

un cluster C constitué de N nœuds, le coût de transfert d'une quantité de données X, d'un nœud quelconque i appartenant au cluster C vers un autre nœud j appartenant au même cluster, tel que $i \neq j$ et $i, j \in \{0, ..., N-1\}$, s'écrit comme suit : $C_{ij}(X) = \frac{X}{debit_{ij}} + \beta_i$, où $debit_{ij}$ représente le débit entre les nœuds i et j et β_i le startup. Ceci se justifie par le fait que les nœuds d'un même cluster sont interconnectés par le même bus d'un réseau LAN ;

2. *Communication inter-clusters (ou intra-grille)* : Ici, le transfert a lieu entre deux nœuds appartenant à des clusters différents. Considérons une grille dans laquelle un nœud i, appartenant à un cluster p de la grille, a besoin de transférer des données vers un nœud j, appartenant à un cluster q tel que $p \neq q$. Si nous supposons que le diamètre du graphe connectant les différents switches d'une grille est noté d, alors le coût de communication pour réaliser le transfert est défini comme suit :

$$C_{p_i q_j}(d, X) = C_{p_i p_c}(X) + C_{p_c q_c}(d, X) + C_{q_c q_j}(X)$$

(a) $C_{p_i p_c}(X)$ représente le coût de communication entre le nœud i et le switch p_c qui connecte le cluster p aux autres clusters de la grille ;

(b) $C_{p_c q_c}(d, X)$ est le coût de communication entre les deux switches p_c et q_c. Nous pouvons réécrire ce coût comme suit : $C_{p_c q_c}(d, X) = d.(\frac{debit_2}{X} + \beta_2)$, où d représente le diamètre du réseau interconnectant les switches, $debit_2$ le débit de ce réseau et β_2 son startup ;

(c) $C_{q_c q_j}(X)$ représente le coût de transmission entre le switch q_c et le nœud j.

5.2.3 Algorithme intra-grille

Entrées :
a- Seuils d'équilibre ε, de saturation δ et d'espérance ρ ;
b- $Nbr\text{-}echec$: Nombre de gestionnaires de clusters n'ayant pas réussi leurs équilibrages ;
c- $Max\text{-}echec$: Seuil de déclenchement qui représente la proportion d'échecs à partir de laquelle le gestionnaire de grille déclenche un équilibrage global ;
d- Débits et startups des différents réseaux appartenant à la grille.

Étape 1 : Estimation de la charge globale

1. Collecte périodique des informations de charge sur chaque cluster C_j :
Pour Chaque C_j **ET** selon sa période spécifique PER_j **faire**
| Envoi de sa charge actuelle LOD_j au gestionnaire de grille
Fin Pour
2. Selon la période PER, le gestionnaire de grille effectue les opérations suivantes :
    a- Estimer la vitesse SPD et la capacité SAT de la grille ;
    b- Calculer la charge courante LOD et le temps d'exécution TEX de la grille.

5.2. Description de l'algorithme

Étape 2 : Prise de décision

3. Test d'équilibre :

Si ($Nbr\text{-}echec \leq Max\text{-}echec$) **Alors**

   | La grille est en état d'équilibre ; Retour.

Fin Si

4. Test de saturation :

Si ($\frac{LOD}{SAT} > \delta$) **Alors**

   | La grille est saturée ; Retour.

Fin Si

5. Partitionnement des clusters de la grille en clusters surchargés (GCS), sous-chargés (GCR) et équilibrés (GCN) :

$GCS \leftarrow \emptyset$; $GCR \leftarrow \emptyset$; $GCN \leftarrow \emptyset$;

Calculer l'écart type $\sigma = \sqrt{\frac{1}{N}.\sum_{i=1}^{N}(TEX_k - TEX)^2}$;

Pour Chaque cluster C_j **faire**

   Si (C_j est saturé) **Alors**

      | $GCS \leftarrow GCS \cup \{C_j\}$ /* Cluster surchargé */

   Sinon

      Selon que

         | $TEX_j > TEX + \sigma$: $GCS \leftarrow GCS \cup \{C_j\}$ /* Cluster source */

         | $TEX_j < TEX - \sigma$: GCR $\leftarrow$ GCR $\cup \{C_j\}$ /* Cluster receveur */

         | $TEX - \sigma \leq TEX_j \leq TEX + \sigma$: $GCN \leftarrow GCN \cup \{C_j\}$ /* Cluster équilibré */

      Fin Selon que

   Fin Si

Fin Pour

Étape 3 : Transfert de tâches

6. Test de l'offre par rapport à la demande :

$$OFFRE = \sum_{C_j \in GCR} \frac{LOD.SPD_j}{SPD} - LOD_j$$

$$DEMANDE = \sum_{C_j \in GCS} LOD_j - \frac{LOD.SPD_j}{SPD}$$

Si ($\frac{OFFRE}{DEMANDE} \leq \rho$) **Alors**

   | Échec d'équilibrage global ; Retour.

Fin Si

> **7. Heuristique 2 : *Transfert de tâches au niveau intra-grille***
> **a-** Trier les clusters de l'ensemble GCS par ordre décroissant de leur temps d'exécution ;
> **b- Pour** chaque cluster C_s de GCS **et tant que** $GCR \neq \emptyset$ **faire**
> > **(i)** Construire le sous-ensemble CR de GCR, composé de clusters C_r dont la somme du temps d'exécution et du temps de communication entre C_s et C_r est inférieure au temps d'exécution de C_s.
> > $CR = \{C_r \text{ tel que } C_r \in GCR \text{ et } TEX_s > TEX_r + T_{Com}(C_s, C_r)\}$
> > **(ii)** Trier l'ensemble CR par ordre décroissant du temps $(TEX_r + T_{Com})$
> > **(iii)** Calculer la charge offerte ($offre_r$) par les clusters receveurs C_r de CR ;
> > **(iv)** Calculer la charge requise ($demande_s$) par le cluster C_s ;
> > **(v) Si** $(Offre_r > Demande_s)$ **Alors**
> > > Transférer les tâches, dont la somme des charges est équivalente à la demande $Demande_s$ du cluster C_s vers les clusters C_r
> >
> > **Sinon**
> > > Transférer les tâches, dont la somme des charges est équivalente à l'offre $Offre_r$, du cluster C_s vers les clusters C_r
> >
> > **Fin Si**
> > **(vi)** Mettre à jour les charges actuelles des clusters C_s et de tous les clusters C_r ;
> > **(vii)** Mettre à jour les ensembles GCS, GCR et GCN.
>
> **Fin Pour**
> **8. Si** $(GCS = \emptyset)$ **Alors**
> > Équilibrage local réussi.
>
> **Sinon**
> > Grille surchargée.
>
> **Fin Si**
> **Fin de l'algorithme.**

5.3 Etude expérimentale

5.3.1 Choix du simulateur

Comme nous l'avons signalé au début de ce chapitre, nous avons choisi d'implémenter et de tester la stratégie d'équilibrage intra-grille en utilisant le simulateur *GridSim* [12]. Ce choix a été motivé par les raisons suivantes :

1. *GridSim* est un simulateur de grille de plus haut niveau comparé aux autres simulateurs dans le même domaine [14, 37]. Il est fondamentalement conçu pour étudier des interactions et des interférences entre les décisions d'ordonnancement ;

2. *GridSim* est un simulateur OpenSource écrit en Java, dans lequel il est possible d'intégrer des algorithmes d'optimisation pour les applications d'ordonnancement et d'équilibrage.

5.3. Etude expérimentale   75

Avant d'aborder les expérimentations que nous avons réalisées, nous allons rappeler quelques
caractéristiques importantes du simulateur *GridSim* :
- Il permet de modéliser des ressources hétérogènes ;
- Les tâches peuvent être hétérogènes et il n y a aucune limite (théorique) sur le nombre de
  tâches qui peuvent être soumises à une ressource ;
- Plusieurs entités d'utilisateurs peuvent soumettre des tâches qui seront exécutées, simultanément, par la même ressource.

Comme le simulateur *GridSim* ne permet pas de simuler, directement, notre stratégie d'équilibrage, nous avons procédé à des modifications pour l'adapter à nos besoins. Ces modifications ont le plus souvent portées sur l'ajout de nouvelles classes JAVA et sur la surcharge de certaines méthodes.

5.3.2 Résultats expérimentaux

Tous nos tests ont été réalisés sur un ordinateur PC disposant d'un microprocesseur Pentium IV de 3GHz, doté d'une mémoire de 1Go et fonctionnant sous Linux Redhat 9.0. Nous avons testé notre algorithme avec différentes configurations de grilles composées de différents nombres de clusters. Nous avons supposé que chaque cluster contient trente (30) nœuds. Pour chaque nœud, nous avons généré aléatoirement les spécificités techniques des composants (vitesse et capacité) et des tâches selon les hypothèses suivantes :

1. Génération de vitesses variant entre 5 et 30 MIPS et des capacités entre 50 et 300 MI ;
2. Distribution d'un nombre variable de tâches compris entre 1000 et 10000 par pas de 1000 ;
3. Génération d'un temps d'exécution estimé pour chaque tâche, compris entre 1000 et 200000 MI ;
4. Une tâche ne peut être transférée que si son temps de réponse dans le cluster source est largement supérieur à la somme de son temps de transfert et de son temps de réponse dans le cluster destination ;
5. Les valeurs des seuils d'espérance, de saturation et d'équilibre ont été fixées, respectivement à $\rho = 0.75$, $\delta = 0.8$ et $\varepsilon = 0.9$;
6. Le diamètre du graphe correspondant à une grille a été fixé à 4 ;
7. Les débits du réseau de communication ont été définis comme suit :
   - Pour chaque cluster, le débit est fixé à 1000 MIPS avec un startup de 20 μs ;
   - D'un gestionnaire de cluster vers le switch de son cluster, nous avons choisi une vitesse de 10000 MIPS avec un startup de 10 μs ;
   - Entre les switches, nous avons supposé que le débit est de 10000 MIPS avec un startup de 10 μs.

5.3. Etude expérimentale

Expérience 1 : *Variation du temps d'attente moyen*

Le tableau 5.1 montre que le temps d'attente moyen des tâches (exprimé en Milliers de secondes) est significativement amélioré par notre stratégie d'équilibrage. Indépendamment des ordres de grandeurs constatés, nous pouvons interpréter le comportement de notre stratégie, selon les gains réalisés, comme suit :

1. Le gain sur les temps d'attente varie entre **8.12%** et **44.83%**, c'est un résultat que nous considérons comme un gain perceptible ;
2. Dans **90%** des cas, ils sont supérieurs à **10%**. Ce résultat nous semble très encourageant dans le cadre de la stratégie que nous avons proposé ;
3. Les meilleurs gains ont été obtenus pour un nombre de clusters compris entre 4 et 16 et pour un nombre de tâches compris entre 4000 et 8000. Cette plage constitue des états de la grille que nous considérons comme stables ;
4. Les gains se dégradent lorsque le nombre de tâches est supérieur à 6000 et lorsqu'il est inférieur à 4000. Ce résultat montre que le temps d'attente est plus sensible au nombre de tâches qu'au nombre de nœuds ou de clusters d'une grille.

TAB. 5.1 – Gains réalisés sur le temps d'attente moyen (Milliers de secondes)

# Tâches	# Clusters	2	4	6	8	16
2000	*Avant*	441.18	58.06	19.91	9.56	1.56
	Après	380.24	48.16	16.85	8.29	1.41
	Gain	**13.81%**	**17.06%**	**15.38%**	**13.33%**	**9.71%**
4000	*Avant*	4945.78	746.08	248.65	109.31	19.15
	Après	3883.79	561.53	188.52	87.09	16.17
	Gain	**21.47%**	**24.74%**	**24.18%**	**20.33%**	**15.54%**
6000	*Avant*	20040.61	3418.28	1069.65	518.64	81.84
	Après	15821.79	2132.30	628.12	286.14	48.48
	Gain	**21.05%**	**37.62%**	**41.28%**	**44.83%**	**40.77%**
8000	*Avant*	52471.70	8704.19	3035.81	1514.60	240.03
	Après	43651.08	6790.65	1931.00	957.92	144.67
	Gain	**16.81%**	**21.98%**	**36.39%**	**36.75%**	**39.73%**
10000	*Avant*	110686.52	19508.94	6710.76	3448.33	476.36
	Après	101701.23	17594.18	6011.12	2978.16	396.71
	Gain	**8.12%**	**9.81%**	**10.43%**	**13.63%**	**16.72%**

5.3. Etude expérimentale

Expérience 2 : Variation du temps d'exécution moyen

A partir des résultats synthétisés dans le tableau 5.2, nous pouvons conclure ce qui suit :

TAB. 5.2 – Gains réalisés sur le temps d'exécution moyen (Milliers de secondes)

# Tâches	# Clusters	2	4	6	8	16
2000	Avant	51.69	24.20	15.85	11.95	5.86
	Après	47.84	22.37	15.17	11.30	5.56
	Gain	**7.45%**	**7.57%**	**4.30%**	**5.40%**	**5.13%**
4000	Avant	205.31	96.97	62.97	47.94	23.71
	Après	180.41	86.48	59.61	45.19	22.78
	Gain	**12.13%**	**10.82%**	**5.33%**	**5.73%**	**3.95%**
6000	Avant	462.36	220.80	141.40	108.73	53.54
	Après	402.46	163.99	121.70	94.87	50.71
	Gain	**12.96%**	**25.73%**	**13.94%**	**12.75%**	**5.28%**
8000	Avant	821.68	384.22	251.22	193.70	95.59
	Après	726.29	255.78	172.64	153.62	89.26
	Gain	**11.61%**	**33.43%**	**31.28%**	**20.69%**	**6.61%**
10000	Avant	1291.40	603.46	391.86	302.87	146.30
	Après	1121.54	460.40	318.22	238.07	128.07
	Gain	**13.15%**	**23.71%**	**18.79%**	**21.39%**	**12.46%**

1. Le gain sur les temps d'exécution varie entre **3.95%** et **33.43%** ;
2. Presque la moitié des gains est inférieure à **10%**. Ceci est dû au fait que le temps d'exécution est pénalisé par le temps d'exécution de l'algorithme intra-grille, qui est plus important que dans le cas d'un équilibrage intra-cluster ;
3. Les meilleurs gains ont été obtenus pour un nombre de clusters compris entre 2 et 8 et pour un nombre de tâches supérieur à 6000. Ce résultat laisse supposer que le temps d'exécution moyen connaît une amélioration quand le nombre de tâches augmente et tant que l'état de saturation n'a pas été atteint.

Expérience 3 : Variation du temps de réponse moyen

Le temps de réponse moyen étant la somme des temps d'attente et d'exécution moyens, nous pensons qu'il est inutile de présenter le tableau regroupant les gains. Toutefois, nous avons

5.3. Etude expérimentale

jugé très intéressant la nature de ces gains par rapport au nombre de tâches (le nombre de clusters étant fixé). La figure 5.1 illustre ce comportement et nous conduit à tirer les conclusions suivantes :

FIG. 5.1 – Variation des gains sur les temps de réponse en fonction du nombre de tâches

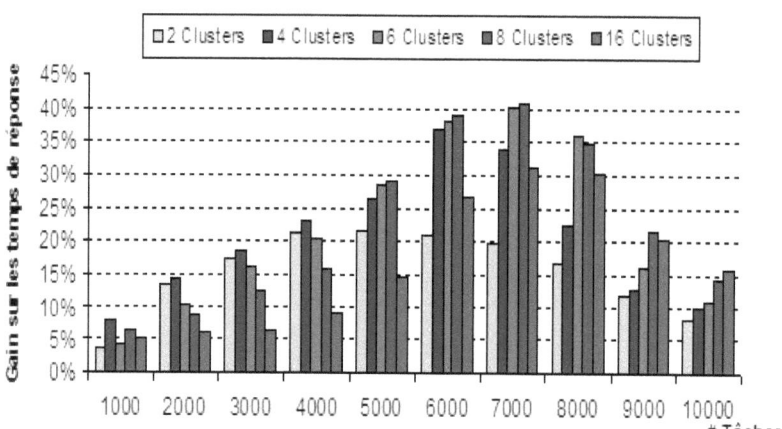

1. A l'exception de quelques cas, tous les gains sont supérieurs à **10%**. Étant donnée la nature du problème que nous traitons dans cette thèse, il nous semble que ce gain est important et pourra, éventuellement, être amélioré.

2. Les gains augmentent en fonction du nombre de tâches jusqu'à un certain seuil (6000-7000 tâches) et ensuite se dégradent. Nous pensons que ce comportement est semblable à une distribution Gaussienne. Le seuil correspond à la moyenne, que nous attachons à un état stable (état d'équilibre). De part et d'autre de la moyenne, nous avons des états plus ou moins instables (sous-charge à gauche et surcharge à droite).

5.3.3 Mesures de performance

A travers les deux expériences que nous présentons dans ce qui suit, nous cherchons à définir des métriques permettant de mesurer les performances des résultats obtenus. Nous nous intéressons particulièrement au nombre de tâches qui ont été transférées et à l'indice d'équilibrage réalisé [42]. Le nombre de transferts effectués nous permet de mesurer l'apport obtenu par la propriété de voisinage qui est la base de notre stratégie, alors que l'indice d'équilibrage, défini par Jain et al. dans [42], nous renseigne sur la qualité de l'équilibrage produit.

5.3. Etude expérimentale

Expérience 4 : *Nombre de tâches transférées*

Afin de comparer l'efficacité d'un équilibrage intra-cluster par rapport à un équilibrage intra-grille, nous nous sommes intéressés, dans cette expérience, au nombre de tâches transférées et à la nature de ce transfert. Compte tenu qu'un équilibrage intra-grille n'est déclenché qu'à la suite d'un équilibrage intra-cluster, nous avons, pour chaque niveau d'équilibrage, calculé ce nombre de tâches transférées. Les résultats de ces calculs sont résumés dans le tableau 5.3 suivant :

TAB. 5.3 – Nombre de tâches transférées en intra-cluster Vs. en intra-grille

# Tâches	# Clusters	2	4	6	8	16
2000	Intra-grille	34	42	56	91	76
	Intra-cluster	224	264	397	506	551
	Rapport	15.18%	15.91%	14.11%	17.98%	13.79%
4000	Intra-grille	54	89	94	28	117
	Intra-cluster	373	489	482	554	634
	Rapport	14.48%	18.20%	19.50%	5.05%	18.45%
6000	Intra-grille	87	106	111	198	109
	Intra-cluster	474	578	615	1013	960
	Rapport	18.35%	18.34%	18.05%	19.55%	11.35%
8000	Intra-grille	103	135	200	318	314
	Intra-cluster	559	686	1047	2289	2336
	Rapport	18.43%	19.68%	19.10%	13.89%	13.44%
10000	Intra-grille	159	247	311	496	419
	Intra-cluster	865	1490	1575	3031	3182
	Rapport	18.38%	16.58%	19.75%	16.36%	13.17%

L'analyse de ces résultats nous permet de conclure que :

1. Le rapport maximal du nombre de tâches transférées en intra-grille par rapport au transfert en intra-cluster ne dépasse pas **20%**. Ce résultat fondamental prouve que le transfert intra-cluster a été privilégié sur celui en intra-grille. Autrement dit, notre stratégie est bien une stratégie d'équilibrage local qui cherche à réduire, au maximum, les coûts de communication ;

2. Quelque soit le niveau d'équilibrage, nous avons constaté, qu'en général, le nombre de transferts augmente plus sensiblement par rapport au nombre de tâches que par rapport au nombre de clusters. En effet, nous pouvons justifier un tel résultat par le fait que le nombre

5.3. Etude expérimentale

de transferts est proportionnel à la distribution initiale des tâches, indépendamment du nombre de nœuds ou du nombre de clusters.

Expérience 5 : *Indice de Jain*

Le temps de réponse fournit une mesure sur l'efficacité et la performance de la stratégie proposée mais ne donne pas plus d'informations sur le degré et la qualité de l'équilibrage réalisé. Pour cela, l'indice de Jain [42] est fréquemment utilisé pour mesurer les performances d'une opération d'allocation de ressources. Dans notre cas, nous voulons mesurer la qualité de l'équilibrage à travers l'exécution de l'algorithme intra-grille, ce qui conduit à quantifier l'équitabilité de la répartition de charge globale sur les différents nœuds d'une grille. L'indice de Jain est défini comme suit [42, 30] :

$$J = f(x_1, x_2, ..., x_N) = \frac{(\sum_{i=1}^{N} x_i)^2}{N . \sum_{i=1}^{N} x_i^2}$$

où x_i représente la charge de la *ieme* ressource. Ainsi défini, l'indice de Jain satisfait les propriétés suivantes [42] :

1. Il est indépendant du nombre, fini ou infini, d'utilisateurs partageant les ressources d'un système ;

2. Il est indépendant de l'ordre de grandeur de la charge x_i de la *ieme* ressource ;

3. Il est compris entre 0 et 1 ; ceci veut dire qu'un système est parfaitement équilibré si son indice est égal à 1 et il est totalement déséquilibré s'il est égal à 0 ;

4. Il est continu dans le sens où tout changement, aussi minime soit-il, doit impérativement affecter la valeur de l'indice.

La figure 5.2 montre la variation de l'indice de Jain en fonction du nombre de clusters après avoir effectué une opération d'équilibrage intra-grille.

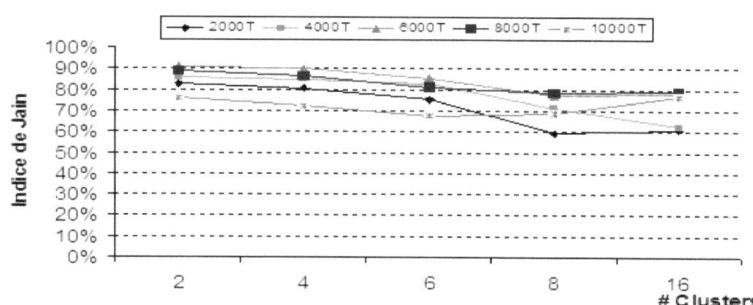

FIG. 5.2 – Variation de l'indice de Jain en fonction du nombre de clusters

5.4. Conclusion

L'analyse de cette figure montre que :
1. Toutes les courbes sont au dessus de l'axe 60%, ce qui renseigne sur un bon équilibrage intra-grille ;
2. Les meilleurs indices d'équilibrage sont obtenus pour 6000 et 8000 tâches. Les deux courbes associées corroborent les résultats obtenus pour le temps de réponse moyen (expérience 3, Figure 5.1), pour lesquels nous avons constaté un pic ;
3. L'indice de Jain diminue avec l'augmentation du nombre de clusters. En effet, nous trouvons cette dégradation justifiée par le fait que notre stratégie avantage un équilibrage local.

5.4 Conclusion

Dans ce chapitre, nous nous sommes essentiellement intéressés aux expérimentations relatives à un équilibrage intra-grille. Ces expérimentations ont été effectuées avec le simulateur *GridSim*. A travers ces expérimentations, nous avons constaté que l'aspect fondamental, qui caractérise le niveau intra-grille par rapport au niveau intra-cluster, est la prise en compte des coûts de communication dans le transfert des tâches. Après avoir décrit le modèle de calcul du coût de communication que nous avons adopté, nous avons présenté une heuristique qui tient compte des coûts de transfert de tâches entre clusters. Les expérimentations réalisées nous ont fournit de très bons indices dans le cas d'un équilibrage intra-grille. Les résultats obtenus nous ont permis de mesurer les améliorations réalisées sur les paramètres de performance définis, notamment les temps de réponse et d'exécution moyens des tâches. Pour consolider ces résultats, nous avons testé deux autres mesures de performance, à savoir le taux de transfert de tâches et l'indice de Jain. En corroborant les résultats obtenus, ces mesures nous permettent de confirmer les performances réalisées par notre stratégie et nous encouragent à la prospecter d'avantage. Parmi les éléments importants qui méritent des investigations plus poussées, nous pouvons citer :
– Au niveau de la stratégie, il s'agit d'étudier, de manière beaucoup plus fine, les heuristiques de transfert proposées et de maîtriser l'estimation des différents seuils qui ont une influence sur les algorithmes d'équilibrage proposés ;
– Au niveau expérimentation, il serait intéressant d'intégrer notre stratégie d'équilibrage dans d'autres simulateurs connus dans le domaine des grilles de calcul pour mesurer ses performances.

Conclusion et perspectives

1 Conclusion

Nous avons, à travers cette thèse, étudié le problème d'équilibrage de charge dans les infrastructures de type grilles de calcul, qui sont des infrastructures fortement hétérogènes et très largement distribuées. Notre problème consistait à équilibrer un ensemble de tâches indépendantes dans l'objectif de réduire le temps de réponse moyen en tenant compte des coûts de communication induits par les transferts de ces tâches lors d'une opération d'équilibrage.

Après une étude bibliographique sur le problème d'équilibrage de charge dans les systèmes parallèles et distribués, nous sommes arrivés à la conclusion que les stratégies associées à ce type de système sont inadaptées aux grilles et ce pour deux raisons essentielles : (i) le caractère fortement hétérogène des grilles, alors que les stratégies d'équilibrage classique se basent sur une homogénéité des ressources ; (ii) la dispersion géographiques des ressources qui est largement distribuée dans le cas des grilles, alors qu'elle est relativement réduite dans le cas des systèmes distribués.

Pour cela, nous avons proposé un modèle hiérarchique et distribué afin de contribuer à la résolution du problème de l'équilibrage de charge dans les grilles de calcul. Ce modèle prend en compte les aspects d'hétérogénéité, de dynamicité et de large échelle fortement présents dans une infrastructure de type grille. D'autre part, sa structure hiérarchique et distribuée facilite les flux d'informations, nécessaires à la stratégie d'équilibrage proposée, à travers les nœuds de l'arbre. Partant de ce modèle, nous avons ensuite développé une stratégie d'équilibrage qui privilège, quand cela est possible, un équilibrage de charge local pour éviter le recours au réseau de communication à grande échelle. La stratégie d'équilibrage, que nous avons proposé, est de type distribuée dans la mesure où plusieurs opérations d'équilibrage peuvent être déclenchées en utilisant des informations de charge locales par rapport aux éléments qui composent une grille.

Compte tenu des surcoûts engendrés par l'exécution d'un système d'équilibrage de charge, nous avons proposé une heuristique de transfert qui ne déclenche une opération d'équilibrage que si elle est bénéfique (existence de cas de déséquilibres importants, non saturation des éléments de la grille, offre suffisante par rapport à la demande).

2. Perspectives

Afin de valider la stratégie d'équilibrage proposée dans cette thèse, nous avons mené un certain nombre d'expérimentations selon deux approches différentes mais complémentaires : (i) nous avons tout d'abord développé notre propre simulateur de grille en utilisant le concept de multi-agents. Ce développement a été fait en utilisant la plate-forme JADE. Outre l'expérimentation de notre stratégie, nous avons voulu, à travers cette expérimentation, voir comment le concept d'agent peut contribuer à la mise en place d'une stratégie d'équilibrage dans les grilles de calcul ; (ii) par la suite, nous avons utilisé un simulateur connu dans le domaine de l'ordonnancement de tâches dans les grilles, à savoir *GridSim*. A travers cette deuxième expérimentation, nous avons visé deux objectifs : tout d'abord montrer comment une stratégie d'équilibrage peut être intégrée à un simulateur de grilles, et puis étudier le comportement de notre stratégie dans un simulateur de grilles. Les résultats que nous avons obtenus, et que nous avons présenté et discuté dans cette thèse, sont assez encourageants et mettent en évidence les gains que nous avons pu obtenir. L'analyse de ces résultats donne de bons indices sur le comportement de la stratégie proposée. Nous arrivons à améliorer sensiblement les paramètres de performance que nous avons défini, notamment le temps de réponse moyen des tâches, moyennant un surcoût relativement faible.

2 Perspectives

Si les résultats que nous avons obtenus sont, pour le moment, assez satisfaisants, plusieurs aspects nécessitent d'être repris et approfondis dans le but de contribuer à la résolution du problème de l'équilibrage de charge dans les grilles. A cet effet, nous pensons que les pistes suivantes mériteraient d'être explorées :

1. *Structure du modèle proposé* : Dans la structure actuelle de notre modèle, nous avons émis l'hypothèse que le gestionnaire de grille centralise l'information de charge globale sur toute la grille. Ce nœud, bien qu'il ne soit pas sollicité de manière fréquente, peut constituer un goulot d'étranglement et un point de fragilité du modèle. Pour remédier à cela, nous pensons faire évoluer notre modèle vers un modèle complètement distribué, en supprimant la racine de l'arbre et en utilisant le principe de diffusion pour échanger les informations de charge entre les clusters d'une grille. Ainsi, au lieu de représenter une grille par un arbre, nous préconisons de la modéliser par une forêt, où chaque arbre correspond à un cluster. Cette piste est d'ores et déjà en cours d'étude.

2. *Fonctionnalités du modèle* : Nous pensons qu'il est possible d'enrichir le modèle par d'autres fonctionnalités telles que : (i) la mise en place d'un outil d'évaluation du réseau de la grille, qui permettra d'évaluer la bande passante disponible entre les clusters. Ainsi, les heuristiques de transfert de tâches seraient en mesure d'ajuster leurs décisions en fonction des valeurs calculées par cet outil. Ceci permettra d'éviter le choix des clusters dont les

liens réseau sont congestionnés ; (ii) l'introduction, dans la stratégie d'équilibrage, d'autres paramètres tels que l'espace mémoire et les accès disques.

3. *Paramètres de performance* : Les paramètres qui influent directement sur la performance de la stratégie proposée sont d'une part un ensemble de seuils (d'équilibrage, de saturation et d'espérance) et d'autre part les périodes de collecte d'information de charge. Les valeurs attribuées à ces paramètres sont en effet essentielles pour régler le comportement de la stratégie. A ce sujet, il nous semble qu'il serait important de maîtriser leur évaluation en étudiant les facteurs de corrélation qui peuvent exister entre ces paramètres et les différentes caractéristiques des tâches et/ou des nœuds d'une grille.

4. *Champs d'expérimentation* : Pour mieux évaluer les apports et performances de notre stratégie, il nous semble qu'elle devrait être intégrée dans d'autres simulateurs connus dans le domaine des grilles de calcul tel que *HyperSim*[37] ou *SimGrid* [14]. Ceci nous permettra de mesurer l'efficacité des simulateurs et de comparer les performances de notre stratégie en l'adaptant à des environnements de grilles existants. Enfin, nous pensons qu'il est également important de tenir compte, dans une stratégie d'équilibrage, des caractéristiques des tâches qui seront exécutées sur une grille. Plus ces caractéristiques sont connues, plus la stratégie d'équilibrage pourra donner de meilleurs résultats du point de vue performance. Ceci suggère d'ailleurs l'idée de définir une stratégie d'équilibrage adaptée à une classe d'applications et à un type de grille bien déterminées.

5. *Intégration à GLOBUS* : Étant donné la place prise par le middleware GLOBUS [31] dans le domaine des grilles, nous pensons lui intégrer notre stratégie, sous forme de services en utilisant les technologies SOAP et WSDL [49, 31].

Bibliographie

[1] D. Abramson, J. Giddy, and L. Kotler. High performance parametric modeling with nimrod/g : Killer application for the global grid. In *Proceedings of the 14th International Parallel and Distributed Processing Symposium (IPDPS 2000)*, pages 520–528, Cancun, Mexico, May 2000.

[2] A. K. Aggarwal and R. D. Kent. An adaptive generalized scheduler for grid applications. In *Proceedings of the 19th International Symposium on High Performance Computing Systems and Applications*, pages 15–18, Guelph, Ontario Canada, May 2005.

[3] M. Arora, S.K. Das, and R. Biswas. A decentralized scheduling and load balancing algorithm for heterogeneous grid environments. In *Proceedings of Workshop on Scheduling and Resource Management for Cluster Computing*, pages 499–505, Vancouver, Canada, August 2002.

[4] E. Badidi. *Architecture et services pour la distribution de charge dans les systèmes distribués objet*. Thèse de PhD, Faculté des études supérieures, Université de Montréal, Mai 2000.

[5] M. Baker, R. Buyya, and D. Laforenza. Grids and grid technologies for wide-area distributed computing. *Journal of Software Practice and Experience*, 32(15) :1437–1466, December 2002.

[6] C. Banino, O. Beaumont, L. Carter, J. Ferrante, A. Legrand, and Y. Robert. Scheduling strategies for master-slave tasking on heterogeneous processor platforms. *IEEE Transactions on Parallel Distributed Systems*, 15(4) :319–330, 2004.

[7] A. Barak and A. Shiloh. A distributed load-balancing policy for a multi-computer. *Journal of Software Practice and Experience*, 15(9) :901–913, September 1985.

[8] F. Berman. *The Grid : Blueprint for a Future Computing Infrastructure*, chapter High-Performance Schedulers. Morgan Kaufmann Publishers, 1998.

[9] F. Berman, G. Fox, and Y. Hey. *Grid Computing : Making the Global Infrastructure a Reality*. Wiley Series in Communications Networking & Distributed Systems, 2003.

[10] R. Buyya, D. Abramson, J. Giddy, and H. Stockinger. Economic models for resource management and scheduling in grid computing. *J. of Concurrency and Computation : Practice and Experience*, 14(13-15) :1507–1542, December 2002.

[11] R. Buyya, D. Abramson, and J.Giddy. Nimrod/g : An architecture for a resource management and scheduling system in a global computational grid. In *Proceedings of the International Conference on High Performance Computing in Asia-Pacific Region (HPC Asia 2000)*, pages 283–289, Beijing, China, May 14-17, 2000.

[12] R. Buyya and M. Murshed. Gridsim : a toolkit for the modeling and simulation of distributed resource management and scheduling for grid computing. *Concurrency and Computation : Practice and Experience*, 14 :1175–1220, 2002.

[13] J. Cao, D. P. Spooner, S. A. Jarvi, and G. R. Nudd. Grid load balancing using intelligent agents. *Future Generation Computer Systems*, 21 :135–149, 2005.

[14] H. Casanova. Simgrid : A toolkit for the simulation of application scheduling. In *Proceedings of the First IEEE/ACM International Symposium on Cluster Computing and the Grid (CCGrid 2001.)*, pages 430–437, Brisbane, Australia, May 2001.

[15] T.L. Casavant and J.G. Kuhl. A taxonomy of scheduling in general purpose distributed computing systems. *IEEE Transactions on Software Engineering*, 14(2) :141–153, 1994.

[16] C. Chen and B. Schmidt. Load balancing for hierarchical grid computing : A case study. In *Proceedings of the 11th International Conference on High Performance Computing - HiPC 2004*, pages 353–362, Bangalore, India, December 2004.

[17] A. Chervenak, I. Fosterand, C. Kesselman, C. Salisbury, and S. Tuecke. The data grid : towards an architecture for the distributed management and analysis of large scientific datasets. *Journal of Network and Computer Applications*, 23(3) :187–200, 2000.

[18] T. Chou and J.A. Abraham. Load balancing in distributed systems. *IEEE Transactions on Software Engineering*, SE-28(5) :401–412, 1982.

[19] G. Cibenko. Dynamic load balancing for distributed memory multiprocessors. *Journal of Parallel and Distributed Computing*, 7(2) :279–301, 1989.

[20] S.P. Dandamudi and H. Hadavi. Performance impact of i/o on sender initiated and receiver initiated adaptive load sharing in distributed systems. In *Proceedings of the 9th ISCA/IEEE International Conference on Parallel and Distributed Computing Systems : PDCS 96*, pages 507–514, Dijon, France, September 1996.

[21] S. K. Das, D. J. Harvey, and R. Biswas. Latency hiding in dynamic partitioning and load balancing of grid computing applications. In *CCGRID '01 : Proceedings of the First IEEE/ACM International Symposium on Cluster Computing and the Grid*, pages 347–354, Brisbane, Australia, May 2001.

[22] S. K. Das, D. J. Harvey, and R. Biswas. Minex : a latency-tolerant dynamic partitioner for grid computing applications. *Future Generation Computer Systems*, 857 :1–13, 2002.

[23] M. Dobber, G. Koole, and R. van der Mei. Dynamic load balancing for a grid application. In *Proceedings of the 11th Annual International Conference on High Performance Computing (HiPC2004)*, pages 342–352, Bangalore, India, December 2004.

[24] F. Dong and S. G. Akl. Scheduling algorithms for grid computing : State of the art and open problems. Technical Report 2006-504, School of Computing, Queen's University Kingston, Ontario, 2006.

[25] D.L. Eager, E.D. Lazowska, and J. Zahorjan. A comparaison of receiver-initiated and sender-initiated adaptive load sharing. *Journal of Performance Evaluation*, 6(1) :53–58, March 1986.

[26] D. England and J. Weissman. Costs and benefits of load sharing in the computational grid. In *Proceedings of the 10th International Workshop on Job Scheduling Strategies for Parallel Processing (JSSPP 2004)*, pages 160–175, New York, NY, USA, June 2004.

[27] D. Ferrari and S. Zhou. A load index for dynamic load balancing. In *Proceedings of the 1986 Fall Joint Computer Conference*, pages 684–690, Dallas, Texas, November 1986.

[28] D. Ferrari and S. Zhou. An empirical investigation of load indices for load balancing applications. In *Proceedings of the International Symposium on Computer Performances*, pages 515–528, Bruxelles, Belgique, 1987.

[29] L. Ferreira, V. Berstis, and J. Amstrong. *Introduction to Grid Computing with Globus*. IBM RedBook, 2002.

[30] J. Figler. Load balancing in concurrent parallel applications. *IEEE Transactions on Software Engineering*, 14(3) :362–375, 1999.

[31] I. Foster. Globus toolkit version 4 : Software for service oriented systems. In *IFIP : International Conference on Network and Parallel Computing*, pages 2–13, Beijing, China, November 2005.

[32] I. Foster and C. Kesselman (editors). *The Grid2 : Blueprint for a New Computing Infrastructure*. Morgan Kaufmann (second edition), USA, 2004.

[33] I. Foster, C. Kesselman, and S. Tuecke. The anatomy of the grid : Enabling scalable virtual organizations. *International Journal of High Performance Computing Applications*, 15(3), 2001.

[34] S. Genaud, A. Giersch, and F. Vivien. Load balancing scatter operations for grid computing. In *Proceedings of the 12th Heterogeneous Computing Workshop (HCW'2003)*, pages 101–110, Nice, France, April 2003.

[35] J. Ghanem. Implementation of load balancing policies in distributed systems. Master's thesis, University of New Mexico Albuquerque, New Mexico, 2002.

[36] A. Giersch. *Ordonnancement sur plates-formes hétérogènes de tâches partageant des données*. PhD thesis, Université Louis Pasteur, Strasbourg, Décembre 2004.

[37] T. C. Hartrum and B. J. Donlan. Hypersim : distributed discrete-event simulation on an ipsc. In *Proceedings of the third conference on Hypercube concurrent computers and applications*, pages 745–747, Pasadena, California, U.S.A, January 19-20, 1988.

[38] D. J. Harvey. *Load Balancing Techniques for Distributed Processing Environments*. PhD thesis, Faculty of the Graduate School of The University of Texas at Arlington, August 2001.

[39] M. Houle, A. Symnovis, and D. Wood. Dimension-exchange algorithms for load balancing on trees. In *Proceedings of 9th International Colloquium on Structural Information and Communication Complexity*, pages 181–196, Andros, Greece, June 2002.

[40] Y.F. Hu, R.J. Blake, and D.R. Emerson. An optimal migration algorithm for dynamic load balancing. *Journal of Concurrency : Practice and Experience*, 10 :467–483, 1998.

[41] P. G. Jade, F. Bellifemine, G. Caire, T. Trucco, and G. Rimassa. Jade : Programmer's guide. http ://jade.cselt.it/, February 2002.

[42] R. Jain, D. Chiu, and W. Hawe. A quantitative measure of fairness and discrimination for resource allocation in shared computer systems. Technical Report TR-301, Digital Equipement Corporation, Hudson, 1984.

[43] H. Johansson and J. Steensland. A performance characterization of load balancing algorithms for parallel SAMR applications. Technical Report 2006-047, Department of Information Technology, Uppsala University, 2006.

[44] K.Y. Kabalan, W.W. Smar, and J.Y. Hakimian. Adaptive load sharing in heterogeneous systems : policies, modifications and simulation. *International Journal of Simulation*, 3 (1-2) :89–100, 2002.

[45] K. Krauter, R. Buyya, and M. Maheswaran. A taxonomy and survey of grid resource management systems for distributed computing. *Journal of Software-Practice and Experience*, 32 :135–164, 2002.

[46] K. Kurowski, B. Ludwiczak, J. Nabrzyski, A. Oleksiak, and J. Pukacki. Improving grid level throughput using job migration and rescheduling. *Scientific Programming*, 12(4) :263–273, 2004.

[47] Z. Lan, V. E. Taylor, and G. Bryan. Dynamic load balancing for structured adaptive mesh refinement applications on distributed systems. In *ICPP '01 : Proceedings of the 2001 International Conference on Parallel Processing*, pages 571–579, Washington, DC, USA, September 2001.

[48] W. Leinberger, G. Karypis, V. Kumar, and R. Biswas. Load balancing across near-homogeneous multi-resource servers. In *Proceedings of the 9th Heterogeneous Computing Workshop : (HCW2000)*, pages 60–71, Cancun, Mexico, May 2000.

[49] M. Li and M. Baker. *The Grid : Core technologies*. Wiley, March 2005.

[50] Y. Li and Z. Lan. A survey of load balancing in grid computing. *Lecture notes in computer science : LNCS*, Volume 3314/2004 :280–285, 2006.

[51] M. Litzkow, M. Livny, and M. Mutka. Condor-a hunter of idle workstations. In *Proceedings of the 8th International Conference of Distributed Computing System*, pages 204–211, San Jose, California, June 1988.

[52] R.F. Mello, L.C. Trevelin, M.S.V. De Paiva, and L.T. Yang. Comparative analysis of the prototype and the simulator of a new load balancing algorithm for heterogeneous computing environment. *International Journal of High Performance Computing and Network (IJHPCN)*, 1(Issue 1/2/3) :141–153, 2004.

[53] G. E. Moore. Cramming more components onto integrated circuits. In *Proceedings of the IEEE (ISSN 0018-9219) CODEN IEEPAD Proceedings of the Institute of Electrical and Electronics Engineers*, volume 86, Issue 1, pages 82–85, January 1998.

[54] T. Muntean and E. G. Talbi. Méthodes de placement statique des processus sur architectures parallèles. *Technique et Science Informatiques*, 10(5) :355–373, Novembre 1991.

[55] N. Muthuvelu, J. Liu, N. Lin Soe, S. Venugopal, A. Sulistio, and R. Buyya. A dynamic job grouping-based scheduling for deploying applications with fine-grained tasks on global grids. In *Proceedings of the Australasian Workshop on Grid Computing and e-Research (AusGrid2005)*, volume 44, Newcastle, NSW, Australia, January/February 2005.

[56] C. C. Myint and K. M. Lar Tun. A framework of using mobile agent to achieve efficient load balancing in cluster. In *Proceedings of the 6th Asia-Pacific Symposium on Information and Telecommunication Technologies, APSITT 2005*, pages 66–70, Yangon, Myanmar, Japanese, November 2005.

[57] L.M. Ni, C.W. Xu, and T.B. Gendreau. A distributed drafting algorithm for load balancing. *IEEE Transactions on Software Engineering*, SE-11(10) :1153–1161, October 1985.

[58] A. Olugbile, H. Xia, X. Liu, and A. Chien. New grid scheduling and rescheduling methods in the grads project. In *Workshop for Next Generation Software*, Santa Fe, New Mexico, April 2004. held in conjunction with the IPDPS 2004.

[59] O. Othman, C. O'Ryan, and D. C. Schmidt. The design of an adaptive corba load balancing service. *IEEE Distributed Systems Online*, Volume 1, December 2000.

[60] R.U. Payli, E. Yilmaz, A. Ecer, H.U. Akay, and S. Chien. Dlb : A dynamic load balancing tool for grid computing. In *Parallel CFD Conference*, Grand Canaria, Canary Islands, Spain, May 24-27, 2004.

[61] S. Pulidas, D. Towsley, and J.A. Stankovic. Imbedding gradient estimation in load balancing algorithms. In *Proceedings of the 8th International Conference on Distributed Computing Systems*, pages 482–490, San Jose, California, June 13-17, 1988.

[62] H. Renard. *Équilibrage de charge et redistribution de données sur plates-formes hétérogènes*. PhD thesis, École Normale Supérieure de Lyon, France, Décembre 2005.

[63] V. Sarkar and J. Hennessy. Compile time partitioning and scheduling of parallel programs. *IEEE Computer Society press*, 10 :61–70, 1995.

[64] J. M. Schopf. *Ten Actions When Grid Scheduling*, chapter 2 in Grid Resource Management for Grid Computing. Kluwer Publishing, October 2003.

[65] H. Shan, L. Oliker, R. Biswas, and W. Smith. Scheduling in heterogeneous grid environments : The effects of data migration. In *Proceedings of ADCOM 2004 : International Conference on Advanced Computing and Communication*, Ahmedabad, India, December 15-18, 2004.

[66] K.G. Shin and C.J. Hou. Analytic models of adaptive load sharing schemes in distributed real time systems. *IEEE Transactions on Parallel and Distributed Systems*, 4(7) :740–761, 1993.

[67] N. Shivaratri, P. Krueger, and M. Singhal. Load distributing for locally distributed systems. *IEEE Computer*, 25(12) :33–44, December 1992.

[68] Y. Slimani, F. Najjar, and N. Mami. An adaptive cost model for distributed query optimization on the grid. *Lecture notes in computer science : LNCS*, Volume 3292/2004 :79–87, 2004.

[69] J.A. Stankovic. Simulations of three adaptative, decentralized controlled, job scheduling algorithms. *Computer Networks*, 8(3) :199–217, 1984.

[70] D. Sulakhe, A. Rodriguez, M. Wilde, I. Foster, and N. Maltsev. Using multiple grid resources for bioinformatics applications in GADU. In *Proceedings of the Sixth IEEE International Symposium on Cluster Computing and the Grid (CCGRID'06)*, pages 41–53, Washington, DC, USA, 2006.

[71] A. Swensson. History, an intelligent load sharing filter. In *Proceedings of the 10th International Conference on Distributed Computing Systems*, pages 546–553, Paris, France, May 1990.

[72] J. D. Teresco. Hierarchical partitioning and dynamic load balancing for scientific computation. *Lecture Notes in Computer Science, Springer-Verlag*, 3732 :911–920, 2006.

[73] Y. Wang and R. Morris. Load balancing in distributed systems. *IEEE Transactions on Computers*, C-34(3) :204–217, 1985.

[74] M. H. Willebeek-LeMair and A. P. Reeves. Strategies for dynamic load balancing on highly parallel computers. *IEEE Transactions on Parallel and Distributed Systems*, 4(9) :979–993, September 1993.

[75] G. S. Wolffe, S. H. Hosseini, and K. Vairavan. An experimental study of workload indices for non-dedicated, heterogeneous systems. In *Proceedings of the International Conference on Parallel and Distributed Processing Techniques and Applications PDPTA'97*, pages 470–478, Las Vegas, Nevada, USA, June/July 1997.

[76] C.Z. Xu and F.C.M. Lau. *Load Balancing in Parallel Computers : Theory and Practice*. Kluwer, Boston, MA, 1997.

[77] B. Yagoubi. Modèle arborescent pour l'équilibrage de charges dans les grilles de calcul. In *Actes du 8ème Colloque Africain sur la Recherche en Informatique (CARI '06)*, pages 52–59, Cotonou, Benin, 6-9 Novembre, 2006.

[78] B. Yagoubi. Modèle d'équilibrage de charge pour les grilles de calcul. *Revue Africaine de la Recherche en Informatique et Mathématiques Appliquées : ARIMA*, 7 :1–19, Juin 2007.

[79] B. Yagoubi and Y. Slimani. Dynamic load balancing strategy for grid computing. *International Journal of Transactions on Engineering, Computing and Technology*, 13 :260–265, May 2006.

[80] B. Yagoubi and Y. Slimani. Hierarchical load balancing strategy for grid computing. In *Proceedings of the 9th Maghrebian Conference on Information Technologies (MCSEAI'06)*, pages 580–586, Agadir, Maroc, December 07-09, 2006.

[81] B. Yagoubi and Y. Slimani. Load balancing in grid computing. *Journal of Computer Science (JCS)*, 3(3) :186–194, February 2007.

[82] B. Yagoubi and Y. Slimani. Load balancing strategy in grid environment. *Journal of Information Technology and Applications (JITA)*, 1(4) :285–296, March 2007.

[83] S. Zhou. A trace-driven simulation study of dynamic load balancing. *IEEE Transactions on Software Engineering*, 14(9) :1327–1341, 1988.

[84] Y. Zhu. A survey on grid scheduling systems. Technical report, Department of Computer Science, Hong Kong University of Science and Technology, 2003.

Oui, je veux morebooks!

I want morebooks!

Buy your books fast and straightforward online - at one of the world's fastest growing online book stores! Environmentally sound due to Print-on-Demand technologies.

Buy your books online at
www.get-morebooks.com

Achetez vos livres en ligne, vite et bien, sur l'une des librairies en ligne les plus performantes au monde!
En protégeant nos ressources et notre environnement grâce à l'impression à la demande.

La librairie en ligne pour acheter plus vite
www.morebooks.fr

OmniScriptum Marketing DEU GmbH
Heinrich-Böcking-Str. 6-8
D - 66121 Saarbrücken

Telefax: +49 681 93 81 567-9

info@omniscriptum.de
www.omniscriptum.de

Printed by Books on Demand GmbH, Norderstedt / Germany